四库存目

青囊汇刊 ①
青囊秘要

[晋] 郭璞等 ◎ 撰
郑同 ◎ 校

华龄出版社

责任编辑：薛　治
责任印制：李未圻

图书在版编目（CIP）数据

四库存目青囊汇刊. 1／（晋）郭璞等撰；郑同校.
—北京：华龄出版社，2017.4
　ISBN 978-7-5169-0940-9

　Ⅰ.①四… Ⅱ.①郭… ②郑… Ⅲ.①《四库全书》—图书目录
Ⅳ.①Z833

中国版本图书馆CIP数据核字（2017）第064869号

声明：依据《中华人民共和国著作权法》及《中华人民共和国著作权法实施条例》，本书作者依法享有本书的著作权。未经许可，禁止以任何方式翻印本书。

书　　名：四库存目青囊汇刊（一）：青囊秘要
作　　者：（晋）郭璞撰　郑同校

出版发行：华龄出版社	
地　　址：北京市东城区安定门外大街甲57号	邮　编：100011
电　　话：(010) 58122246	传　真：(010) 84049572
网　　址：http://www.hualingpress.com	

印　　刷：河北省三河市九洲财鑫印刷有限公司	
版　　次：2017年9月第1版　2023年4月第5次印刷	
开　　本：720×1020　1/16	印　张：19.5
字　　数：260千字	印　数：15001～18000
定　　价：48.00元	

版权所有　　翻印必究
本书如有破损、缺页、装订错误，请与本社联系调换

目 录

黄帝宅经 ·· 3
  序 ·· 3
  总　论 ·· 4
  凡修宅次第法 ···································· 5
  阳宅图 ·· 7
    图说 ·· 8
  阴宅图 ·· 10
    图说 ·· 10
  序 ·· 15

青乌先生葬经 ···································· 16
  经 ·· 16

郭璞古本葬经 ···································· 23
  内篇 ·· 23

缪希雍葬经翼 ···································· 29
  原势篇一 ·· 29
  察形篇二 ·· 29
  怪穴篇三 ·· 31
  穴病篇四 ·· 33
  峡论篇五 ·· 34
  分龙篇六 ·· 34

四兽砂水篇七 …………………………………………………… 34
明堂篇八 ……………………………………………………… 35
余气篇九 ……………………………………………………… 36
水口篇十 ……………………………………………………… 36
望气篇十一 …………………………………………………… 36
葬旨篇 ………………………………………………………… 37
十二倒仗图次 ………………………………………………… 38
倒杖总论 ……………………………………………………… 38
  顺杖之图 ………………………………………………… 39
  图说 ……………………………………………………… 39
  逆杖之图 ………………………………………………… 40
  图说 ……………………………………………………… 40
  缩杖之图 ………………………………………………… 41
  图说 ……………………………………………………… 41
  缀杖之图 ………………………………………………… 42
  图说 ……………………………………………………… 42
  穿杖之图 ………………………………………………… 43
  图说 ……………………………………………………… 43
  离杖之图 ………………………………………………… 44
  图说 ……………………………………………………… 44
  没杖之图 ………………………………………………… 45
  图说 ……………………………………………………… 45
  对杖之图 ………………………………………………… 46
  图说 ……………………………………………………… 46
  开杖之图 ………………………………………………… 47
  图说 ……………………………………………………… 47
  截杖之图 ………………………………………………… 48
  图说 ……………………………………………………… 48
  顿杖之图 ………………………………………………… 49
  图说 ……………………………………………………… 49

犯杖之图	50
图说	50
三宝经穴法	51
图说	51
图说	53
三合水图	53
图说	54
八字之图	54
图说	55
左右插图	55
图说	56

司马头陀论葬 … 59

八法总论	59
脉缓之图	59
图说	59
脉急之图	60
图说	60
脉硬之图	61
图说	61
脉软之图	62
图说	62
脉侧之图	63
图说	63
脉中之图	64
图说	64
脉虚葬实法	65
脉实葬虚法	65
难解二十四篇	66
广吉凶论	76

占山统论 77

杨筠松十二杖法 81

顺 杖 81
图说 81

逆 杖 82
图说 82

缩 杖 83
图说 83

缀 杖 84
图说 84

开 杖 85
图说 85

穿 杖 86
图说 86

离 杖 87
图说 87

没 杖 88
图说 88

对 杖 89
图说 89

截 杖 90
图说 90

犯 杖 91
图说 91

顿 杖 92
图说 92

顺杖兼逆 93
图说 93

顺杖兼缩 94

图说	94
顺兼缀杖	95
图说	95
顺兼开杖	96
图说	96
顺兼穿杖	97
图说	97
顺兼离杖	98
图说	98
顺杖兼顿	99
图说	99
逆兼顺杖	100
图说	100
顺杖兼没	101
图说	101
顺杖兼对	102
图说	102
顺杖兼截	103
图说	103
顺杖兼犯	104
图说	104
逆杖兼缩	105
图说	105
逆杖兼缀	106
图说	106
逆杖兼开	107
图说	107
逆杖兼穿	108
图说	108
逆杖兼离	109

图说 ··· 109

杨再谪仙人杨公金钢钻本形法葬图诀 ········ 113
  论葬 ··· 113
  金星形局 ·· 114
  木星形局 ·· 117
  水星局形 ·· 119
  火星局形 ·· 121
  土星局形 ·· 122

空石长者五星捉脉正变明图 ···················· 127
  论五星分高山平冈平地三格 ···················· 127
  论五星体性 ··· 127
  论五星穴形葬法 ··································· 128
  金星捉脉式 ··· 129
  木星捉脉式 ··· 138
  水星捉脉式 ··· 142
  火星捉脉式 ··· 144
  土星捉脉式 ··· 145

廖禹十六葬法 ··· 151
  总论 ··· 151
  脉之四穴 ·· 151
    盖穴法象 ··· 151
    盖穴葬义 ··· 151
    粘穴法象 ··· 152
    粘穴葬义 ··· 152
    倚穴法象 ··· 153
    倚穴葬义 ··· 153
    撞穴法象 ··· 154

撞穴葬义 …………………………………………………… 154
息之四穴 ………………………………………………… 155
　斩穴法象 …………………………………………………… 155
　斩穴葬义 …………………………………………………… 155
　截穴法象 …………………………………………………… 156
　截穴葬义 …………………………………………………… 156
　吊穴法象 …………………………………………………… 157
　吊穴葬义 …………………………………………………… 157
　坠穴法象 …………………………………………………… 158
　坠穴葬义 …………………………………………………… 158
窝之四穴 ………………………………………………… 159
　正穴法象 …………………………………………………… 159
　正穴葬义 …………………………………………………… 159
　求穴法象 …………………………………………………… 160
　求穴葬义 …………………………………………………… 160
　架穴法象 …………………………………………………… 161
　架穴葬义 …………………………………………………… 161
　折穴法象 …………………………………………………… 162
　折穴葬义 …………………………………………………… 162
突之四穴 ………………………………………………… 163
　挨穴法象 …………………………………………………… 163
　挨穴葬义 …………………………………………………… 163
　并穴法象 …………………………………………………… 164
　并穴葬义 …………………………………………………… 164
　斜穴法象 …………………………………………………… 165
　斜穴葬义 …………………………………………………… 165
　插穴法象 …………………………………………………… 166
　插穴葬义 …………………………………………………… 166

黄妙应博山篇 169
概论相地法 169
论 龙 169
论 穴 171
论 砂 174
论 水 176
论明堂 178
论阳宅 178
论平地 179

刘基堪舆漫兴 183
山祖 183
水源 183
北龙 183
中龙 183
南龙 183
枝干 183
干龙 184
枝龙 184
支龙 184
巃龙 184
支龙 184
旁正 184
粗嫩 184
长短 185
真假 185
贵贱 185
祖山 185
少祖 185
父母 185

胎息	185
孕育	186
到头可迁来龙略次	186
出身	186
剥换	186
龙过峡	186
枝脚	186
梧桐枝	186
芍药枝	187
蒹葭叶	187
杨柳枝	187
无枝脚	187
护送	187
驻跸	187
行止	187
分劈	188
背面	188
宾主	188
奴从	188
余气	188
一势	188
三落	188
生龙	189
死龙	189
强龙	189
弱龙	189
顺龙	189
逆龙	189
进龙	189
退龙	190

福龙	190
病龙	190
劫龙	190
杀龙	190
出脉	190
直龙入首	190
横龙入首	191
飞龙入首	191
潜龙入首	191
闪龙入首	191
金星	191
木星	191
水星	191
火星	192
土星	192
五星	192
正受穴	192
分受穴	192
旁受穴	192
太阳	192
太阴	193
金水	193
木星	193
天财	193
孤曜	193
燥火	193
扫荡	193
总论	194
窝穴	194
假窝	194

钳穴	194
假钳	194
乳穴	194
假乳	194
突穴	195
假突	195
朝山征穴	195
明堂	195
水势	195
乐山	195
鬼星	195
龙虎	196
缠护	196
裀褥	196
天心十道	196
分合	196
粗恶	196
峻急	196
臃肿	197
虚耗	197
凹缺	197
瘦削	197
突露	197
破面	197
疙头	197
散漫	198
单寒	198
幽冷	198
尖细	198
荡软	198

顽硬	198
巉岩	198
陡泻	199
高穴	199
低穴	199
本身龙虎	199
外山龙虎	199
单提龙虎	199
龙虎和睦	199
龙虎佩带	200
龙虎凶类	200
案山	200
朝山	200
特朝山	201
横朝山	201
伪朝山	201
论平原无朝案	201
朝山拱案	201
前朝重叠	201
前朝孤独	201
下关砂	202
水口砂	202
官星	202
曜星	202
明堂之义	202
明堂之恶	202
论山水要适均	202
潮水	203
横水	203
聚水	203

- 顺水 ······ 203
- 无水 ······ 203
- 近穴泉水之美 ······ 203
- 近穴泉水之恶 ······ 203
- 论水形势之善 ······ 203
- 以水为城 ······ 204
- 金城水 ······ 204
- 木城水 ······ 204
- 水城水 ······ 204
- 火城水 ······ 204
- 土城水 ······ 204
- 要领 ······ 204

胡矮仙至宝经 ······ 207
- 三十章 ······ 207

谢和卿神宝经 ······ 211
- 总论 ······ 211

玉元子天宝经 ······ 223
- 葬法第一 ······ 223
- 葬法第二 ······ 223
- 葬法第三 ······ 223
- 葬法第四 ······ 224
- 葬法第五 ······ 224
- 葬法第六 ······ 224
- 葬法第七 ······ 224
- 葬法第八 ······ 225
- 葬法第九 ······ 225
- 葬法第十 ······ 225

葬法第十一 …………………………………………… 226
　　葬法第十二 …………………………………………… 226

刘见道乘生秘宝经 …………………………………………… 229
　　开宗演道章 …………………………………………… 229
　　阴阳正架章 …………………………………………… 229
　　明暗厚薄章 …………………………………………… 229
　　四应真情章 …………………………………………… 229
　　配与不配章 …………………………………………… 230
　　双脉单脉章 …………………………………………… 230
　　贴脊窝钳章 …………………………………………… 230
　　横圹转柴章 …………………………………………… 230
　　曲脉翻斗章 …………………………………………… 230
　　分合真伪章 …………………………………………… 231
　　浮沉浅深章 …………………………………………… 231
　　蛮肤硬面章 …………………………………………… 231
　　合角禾鳌章 …………………………………………… 231
　　叮咛告戒章 …………………………………………… 231

孙伯刚璃林国宝经 …………………………………………… 235
　总歌 …………………………………………………… 235
　定穴证应口诀 ………………………………………… 236
　奇形怪穴法 …………………………………………… 237
　　高窠 …………………………………………………… 237
　　低窠 …………………………………………………… 237
　　长窠 …………………………………………………… 237
　　短窠 …………………………………………………… 237
　　反窠 …………………………………………………… 237
　　侧窠 …………………………………………………… 238
　　双窠 …………………………………………………… 238

单窠	238
大突	238
小突	238
蟠曲	239
坡垂	239
龙虎	239
骑跨	239
平地	240
山巅	240
依山	240
傍水	241
水中	241
倒挂	241
石中	242
骑牛	242
夺气	242
借气	242
奇怪	243
水砂	243
过海	244
抛闪	244
挂灯	244
花头	245
漩涡	245
流星	245
泛水梅花	245
蹄涔	245
金柜	245
仙人出帘	246
覆钟	246

金字	246
太字	246
人字	246
垂珮	246
三十六座骑龙穴法	247
骑龙截法	247
倒影	248
直穴	248
平地窠	248
奇怪总诀	249
接木泄天机口诀	249

李思聪总索 253

总论 253

阳落有窝	254
阴落有脊	254
阳来阴受	254
阴来阳作	254
上有三分	254
下有三合	254
个有三叉	254
大小八字	255
金鱼蝉翼	255
雌雄牝牡	255
正求架折	255
拂耳拂顶	255
前亲迎接	255
后倚放送	255
临头合脚	256
淋头割脚	256

眠干就湿	256
毬檐	256
葬口	256
罗纹	256
土缩	256
倒杖放棺	257
急则用饶	257
缓则用急	257
藏风脱脉	257
弃死挨生	257
深浅	257

李思聪堪舆杂著 263

覆验 263

黃帝宅經

黃帝子孫

黄帝宅经

序

夫宅者，乃是阴阳之枢纽，人伦之轨模，非夫博物明贤，未能悟斯道也。就此五种，其最要者，唯有宅法，为真秘术。凡人所居，无不在宅。虽只大小不等，阴阳有殊。纵然客居一室之中，亦有善恶。大者大说，小者小论。犯者有灾，镇而祸止，犹药病之效也。故宅者，人之本。人以宅为家，居若安即家代昌吉。若不安，即门族衰微。坟墓川冈，并同兹说。上之军国，次及州郡县邑，下之村坊署栅，乃至山居，但人所处，皆其例焉。目见耳闻，古制非一。《黄帝二宅经》，《地典宅经》，《三元宅经》，《文王宅经》，《孔子宅经》，《宅锦》、《宅挠》、《宅统》、《宅镜》、《天老宅经》，《刘根宅经》，《元女宅经》，《司马天师宅经》，《淮南子宅经》，《王微宅经》，《司最宅经》，《刘晋平宅经》，《张子毫宅经》，《八卦宅经》，《五兆宅经》，《元悟宅经》，《六十四卦宅经》，《右盘龙宅经》，《李淳风宅经》，《五姓宅经》，《吕才宅经》，《飞阴乱伏宅经》，《子夏金门宅经》，《刁昙宅经》。

已上诸经，其旨大同小异，皆自言秘妙，互推短长，若不遍求，即用之不足。近来学者多攻《五姓》、《八宅》，黄道白方例皆违犯大经，未免灾咎。所以人犯修动，致令造者不居，却毁阴阳而无据效，岂不痛哉！况先贤垂籍，诚勖昭彰，人自冥蒙，日用而不识。其象者，日月、乾坤、寒暑、雌雄、昼夜、阴阳等，所以包罗万象，举一千从，运变无形而能化物。大矣哉！阴阳之理也。经之阴者，生化物情之母也；阳者，生化物情之父也。作天地之祖，为孕育之尊，顺之则亨，逆之则否，何异公忠受爵、违命变殃者乎？今采诸秘验，分为二十四路、八卦、九宫，配男女之位，宅阴阳之界，考寻休咎，并无出前二宅，此实养生灵之圣法也。

总 论

二十四路者，随宅大小，中院分四面，作二十四路，十干、十二支，乾、艮、坤、巽，共为二十四路是也。乾将三男震坎艮悉属于阳位；坤将三女，巽离兑悉属于阴位。是以阳不独王，以阴为得；① 阴不独王，以阳为得。② 亦如冬以温暖为德，夏以凉冷为德，男以女为德，女以男为德之义。《易诀》云：阴得阳，如暑得凉，五姓咸和，百事俱昌。所以德位高壮蔼密即吉，重阴重阳则凶。阳宅更招东方、北方，阴宅更招西方、南方为重也。

是东面为辰，南、西面为戌，北之位斜分一条，为阴阳之界。

凡之阳宅即有阳气抱阴，阴宅即有阴气抱阳。阴阳之宅者，即龙也。阳宅龙头在亥，尾在巳；阴宅龙头在巳，尾在亥。③ 凡从巽向乾，从午向子，从坤向艮，从酉向卯，从戌向辰移。

已上移转及上官所住，不计远近，悉入阳也。

从乾向巽，从子向午，从艮向坤，从卯向酉，从辰向戌移。

已上移转及上官，悉名入阴。

故福德之方，勤依天道。天德、月德、生气到其位，即修令清洁阔厚，即一家获安，荣华富贵。再入阴入阳，是名无气。三度重入阴阳，谓之无魂。四入谓之无魄。魂魄既无，即家破逃散，子孙绝后也。若一阴阳往来，即合天道自然，吉昌之象也。设要重往，即须逐道，住四十五日、七十五日，往之无咎。仍宜生气、福德之方，始吉。更犯五鬼、绝命、刑祸者，尤不利。《诀》云："行不得度，不如复故。"斯之谓也。又云："其宅乃穷，急翻故宫。"宜拆刑祸方舍，却益福德方也。又云："翻宅平墙，可为削殃。"夫辨宅者，皆取移来方位，不以街北街东为阳，街南街西为

---

① 阳宅为宜修阴方。
② 如上说。
③ 各有命坐，切忌犯也。

阴。凡移来不论远近，一里、百里、千里，十步与百步同。又此二宅修造，唯看天道。天德、月德、生气到，即修之，不避将军、太岁、豹尾、黄幡、黑方及音姓宜忌。顺阴阳二气为正，此诸神杀及五姓、六十甲子，皆从二气而生，列在方隅，直一年公事，故不为灾。又云："刑祸之方缺复荒，福德之方连接长。"吉也。又云："刑祸之方缩复缩，犹恐灾殃枉相逐。福德之方拓复拓，子子孙孙受荣乐。"又云："宅有五虚，令人贫耗；五实，令人富贵。"宅大人少，一虚；宅门大内小，二虚；墙院不完，三虚；井灶不处，四虚；宅地多屋少庭院广，五虚。宅小人多，一实；宅大门小，二实；墙院完全，三实；宅小六畜多，四实；宅水沟东南流，五实。又云："宅乃渐昌，勿弃宫堂。不衰莫移，故为受殃。舍居就广，未必有欢。计口半造，必得寿考。"又云："其田虽良，薅锄乃芳。其宅虽善，修移乃昌。"《宅统》云："宅墓以象荣华之源，得利者所作遂心，失利者妄生反心。墓凶宅吉，子孙官禄；墓吉宅凶，子孙衣食不足；墓宅俱吉，子孙荣华；墓宅俱凶，子孙移乡绝种，先灵谴责，地祸常并，七世亡魂悲忧受苦，子孙不立，零落他乡，流转如蓬，客死河岸。"《青乌子》云："其宅得墓，二神渐护，子孙禄位乃固。得地得墓，龙骧虎步。物业滋川，财集仓库。子孙忠孝，天神佑助。"子夏云："墓有四诀，商角二姓，丙壬乙辛；宫羽徵三姓，甲庚丁癸。得地得宫，刺史王公，朱衣紫绶，世贵名雄。得地失宫，有始无终，先人受苦，子孙当凶。失地得宫，子孙不穷，虽无基业，衣食过充。失地失宫，绝嗣无踪，行求衣食，客死蒿蓬。"子夏云："人因宅而立，宅因人得存。人宅相扶，感通天地。"故不可独信命也。

凡修宅次第法

先修刑祸，后修福德，即吉。先修福德，后修刑祸，即凶。阴宅从巳起功顺转，阳宅从亥起功顺转。刑祸方用一百工，福德方用二百工，压之即吉。阳宅多修于外，阴宅多修于内。或者取子午分阴阳之界，误将甚也。此是二气潜通，运回之数，不同八卦九宫，分形列象，配男女之位也。其有长才深智，慭物爱生，敬晓斯门，其利莫测。且大犯即家破逃散，小犯则失爵亡官，其余杂犯，火光、口舌、跛蹇、偏枯、衰殃、疾病等，万般皆有，岂得轻之哉！犯处远而慢，即半年、一年、二年、三年始发。犯处近而紧，即七十五日、四十五日、或不出月即发。若见此图者，自然悟会。不问愚智，福德自修，灾殃不犯，官荣进达，财食丰盈，六畜获安，又归天寿。金玉之献，未足为珍；利济之徒，莫大于此。可以家藏一本，用诫子孙，秘而宝之，可名《宅镜》。又《宅书》云："折故营新，爻卜相伏；移南徙北，阴阳爻分。"是和阴阳者，气也；逐爻得变吉凶者，化也。随事能兴，故天地转运无穷。人畜鬼神，变化何准？《搜神记》云："精灵鬼魅，皆化为人。或有人自相感，变为妖怪。"亦如异性之木，接续而生，根苗虽殊，异味相杂。形碍之物，尚随变通；阴阳虚无，岂为常定？是知宅非宅气，由移来以变之。又云："宅以形势为身体，以泉水为血脉，以土地为皮肉，以草木为毛发，以舍屋为衣服，以门户为冠带。若得如斯，是事俨雅，乃为上吉。"《三元经云》："地善即苗茂，宅吉即人荣。"又云："人之福者，喻如美貌之人。宅之吉者，如丑陋之子得好衣裳，神彩尤添一半。若命薄宅恶，即如丑人，更又衣弊，如何堪也？故人之居宅，大须慎择。"又云："修来路即无不吉，犯抵路未尝安。"假如近从东来入此宅住，后更修拓西方，名抵路。却修拓东方，名来路。余方移转及上官往来，不计远近，准此为例。凡人婚嫁、买庄田六畜、致茔域、上官、求利等，悉宜向宅福德方往来，久久吉庆。若为刑祸方往来，久久不利。又忌龟头厅在午地，向北冲堂，名曰凶亭。有稍高竖屋，亦不利。《诀》云："龟头午，必易主。"亦云妨主，诸院有之，亦不吉。凡宅，午巳东巽巳来有高楼大树，皆不利，宜去之吉。又云："凡欲修造动治，须避四王神。亦名帝车、帝辂、帝舍。假如春三月东方为青帝木王，寅为车，卯为辂，辰为舍即是。正月、二月、三月不得东。"户经曰："犯帝车杀父，犯帝辂杀母，犯帝舍杀子孙。夏及秋、冬三个月，仿此为忌。"又云："每年有十二月，每月有生气死气之位。但修月生气之位者，福来集。月生气与天道月德合其吉，路犯月死气之位，为有凶灾也。"

　　正月生气在子癸，死气在午丁。二月生气在丑艮，死气在未坤。三月生气在寅甲，死气在申庚。四月生气在卯乙，死气在酉辛。五月生气在辰巽，死气在戌乾。六月生气在巳丙，死气在亥壬。七月生气在午丁，死气在子癸。八月生气在未坤，死气在丑艮。九月生气在申庚，死气在寅甲。十月生气在酉辛，死气在卯乙。十一月生气在戌乾，死气在辰巽。十二月生气在亥壬，死气在巳丙。

凡修筑建造，土气所冲之方，人家即有灾殃，宜禳之。正月土气冲丁未方，二月坤，三月壬亥，四月辛戌，五月乾，六月寅甲，七月癸丑，八月艮，九月丙巳，十月辰乙，十一月巽，十二月申庚。①

阳宅图

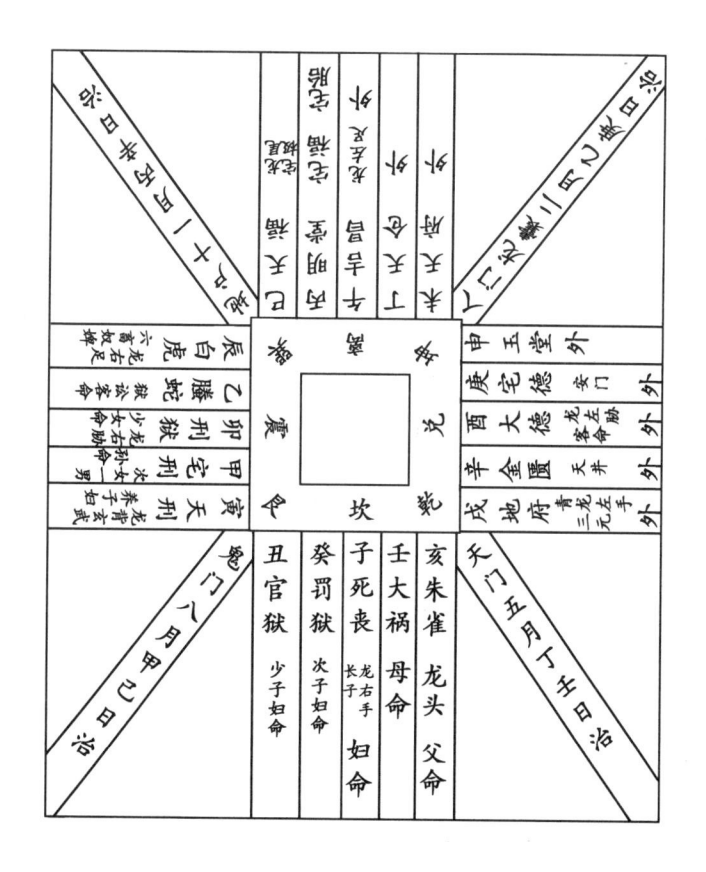

---

① 以上无不精详，但细看之。

图说

天门首阳，宜平、稳、实，不宜绝、高、壮，犯之损家长，大病、头项等灾。

五月丁壬日修吉，北方不用壬子丁巳日。

亥为朱雀、龙头，父命座，犯者，害命坐人。① 壬为大祸，母命，犯之害命坐人，有飞灾口舌。② 子为死丧、龙右手，长子、妇命座，犯之害命坐人，失魂、伤目、水灾、口舌。③ 癸为罚狱、勾陈，次子、妇命座，犯之害命坐人，口舌斗讼。

七月丁壬日修，三月亦通。宫羽姓不宜。三月七月即吉日。

丑为县狱，少子、妇命座，犯之鬼魅、盗贼、火光、怪异等灾。④ 鬼门宅，壅气缺、薄、空、荒吉，犯之偏枯、淋肿等灾。

八月甲己日修吉，东方不用甲子日己巳日。

寅为天刑、龙背、元武，庶养、子妇、长女命座，犯之伤胎、系狱、被盗、亡败等灾。

六月甲己日修，角姓六月凶，十一月吉。

甲为宅刑，次女、孙男等命座，犯之害命坐人、家长病头项诸伤折等灾。⑤ 卯龙右胁、刑狱，少女、孙命座，犯之害命坐人，火光气满、刑伤、失魂。⑥ 乙螣蛇、讼狱，客命座，犯之害命坐人，妖怪、死丧、口舌。⑦ 辰为白虎、龙右足，主讼狱，奴婢、六畜命座，犯之惊伤、跛蹇、筋急等灾。亦主惊恐。⑧ 风门宜平，缺亦名福，首背向荣。《二宅》、《五姓》、《八宅》，并不宜高壮壅塞，亦名阳极阴。

十一月丙辛日修吉，南方不用丙子至辛巳日。

---

① 三月丁壬日修。
② 修巳亥同。
③ 修巳壬同。
④ 修巳癸同。
⑤ 修与寅同。
⑥ 修与寅同。
⑦ 十月巳日修吉唯宜。
⑧ 修与乙同。

巳天福、宅屋，亦名宅极。《经》曰："欲得职，治宅极宜壮实，修改吉。"① 丙明堂、宅福、安门、牛仓等舍。《经》云："治明堂，加官益禄大吉祥，合家快活不可当。"② 午吉昌之地，龙左足。《经》云："治吉昌，奴婢成行六畜良，宜平实，忌高及龟头厅。"③ 丁天仓。经曰："财耗亡，治天仓。宜仓库六畜，壮厚高拓吉。"④ 未天府，高楼大舍，牛羊奴婢居之大挚息，仓厕利。⑤ 人门龙肠，宜置牛马厩，其位欲开拓，壅厚亦名福囊，重而兼实大吉。⑥ 申玉堂，置牛羊屋，主宝贝、金玉之事，壮实开拓吉。《经》曰："治玉堂，财钱横来，六畜肥强。"庚宅德、安门，宜置车屋鸡栖碓硙吉，宜开拓连接，壮阔净洁吉。⑦ 酉大德、龙左胁，客舍吉。《经》曰："治大德，富贵资财成万亿。"亦名宅德，宜宅主。⑧ 辛金匮、天井，宜置门及高楼大屋。《经》曰："治金匮，大富贵，宜财，百事吉。"⑨ 戌地府、青龙左手，主三元，宜子孙，恒令清洁吉。《经》曰："青龙壮高，富贵雄豪。"外巽之位，宜作园池竹簟。设有舍屋，宜平而薄。外天德及玉堂之位，宜开拓侵修，令壮实大吉。《经》曰："福德之方拓复拓，子子孙孙受荣乐。"唯不得高楼重舍。外天仓与天府之位，不厌高壮楼舍，安门、仓库、牛舍及奴婢车屋并大吉。外龙腹之位，与内院并同，安牛羊牢厂，亦名福囊，宜广厚实吉。外坤宜置马厩吉，安重滞之物及高楼等，并大吉。外玉堂之院宜作崇堂，及郎君孙幼等院，吉。客厅即有公客来，若高壮侵拓，及有大树重屋等，招金玉宝帛，主印绶喜。外大德宅位，宜开拓，勤修泥，令新净吉。及作音乐饮会之事，吉。宜子孙妇女等院，出贵人，增财富贵，德望遐振。外金匮、青龙两位，宜作库藏、仓窖吉。高楼

---

① 九月丙辛修。
② 修已巳同。
③ 修与巳同。
④ 正月丙辛日修。
⑤ 修与下同。
⑥ 二月乙庚日修。
⑦ 修与申同。
⑧ 修与申同。
⑨ 四月乙庚日修。

大舍，宜财帛，又宜子孙。出豪贵，婚连帝戚。常令清净连接，丛林花木蔼密。

阴宅图

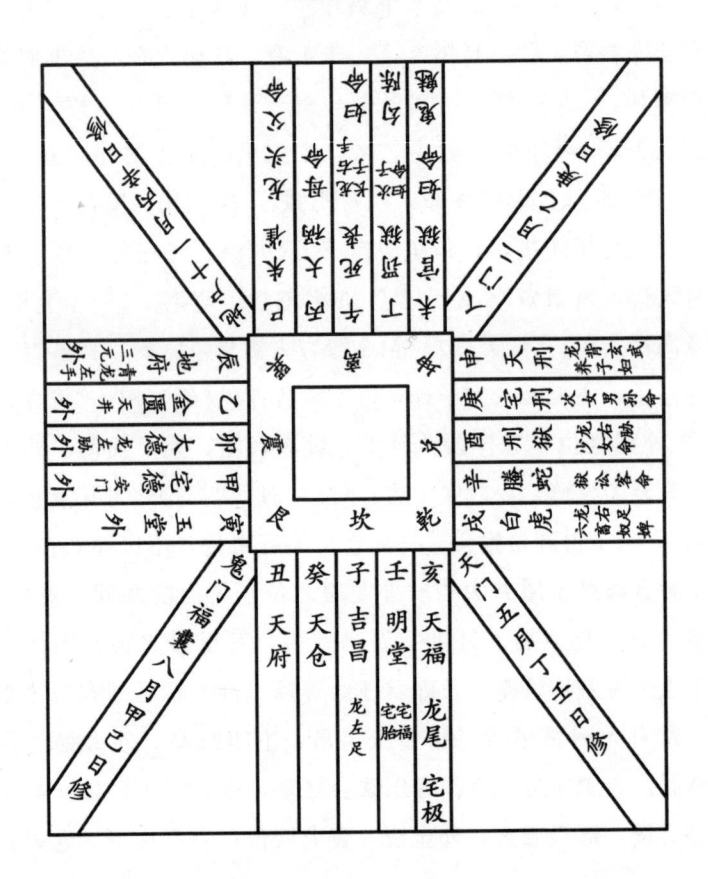

图说

乾天门，阴极阳首，亦名背枯向荣，其位舍屋连接长远，高壮阔实，吉。

五月丁壬日修，吉，北方不用壬子丁巳日。

亥为天福、龙尾，宜置猪栏，亦名宅极。《经》云："欲得职，治宅极，宜开拓，吉。"

亥东三月丁壬日修，吉。官羽姓即七月，吉。

壬宅福、明堂，宜置高楼大舍，常令清净，及集学经史，亦名印绶宫，宜财禄。① 子吉昌、龙左足，宜置牛屋。《经》曰："奴婢成行六畜良，平实吉。"② 癸天仓，立门户、客舍、簟厕，吉。《经》云："财耗亡，治天仓，安六畜，开拓高厚。"③ 丑天府，高楼大舍，牛羊奴婢居之大孳息，仓厕并吉。④ 艮鬼门，龙腹德囊，宜厚实重，吉，缺薄即贫穷。

八月甲巳日修，吉，东方不用甲子日。

寅玉堂，宜置车牛舍，主宝贝金玉之事，宜开拓。《经》曰："治玉堂，钱财横至，六畜肥强，大吉。"⑤ 甲宅德、安门，宜置碓硙，开拓连接，壮观吉，清净灾殃自消。⑥ 卯大德、龙胁、客舍。《经》曰："治大德，富贵资财成万亿。"亦名宅主，主有德望。⑦ 乙金匮、天井，宜置高楼大舍，常令清净，勤修泥，尤增喜庆。⑧ 辰地府、青龙左手、三元，宜子孙，常宜清净。《经》曰："青龙壮高，富贵雄豪。"⑨ 巽风宜平稳，不宜壅塞，亦名阳极，阴前背荣向枯，宜空缺通疏，大吉。

十一月丙辛日修，吉，南方不用丙子。

巳，朱雀、龙头，父命座，不宜置井，犯害命坐人，口舌飞祸，吐血颠狂，蛇畜作怪。⑩ 丙大祸，母命，不宜置门，犯之害命坐人，飞祸口舌。⑪ 午为死丧，长子妇命座，犯之害命坐人，失魂、伤目、心痛、火光、口舌，龙右手筋急。⑫ 丁罚狱、勾陈，次子、妇命，犯之坐人，口舌、斗

① 修与亥同。
② 修与亥同。
③ 七月丁壬日修吉。
④ 修与癸同。
⑤ 六月甲己日修吉。
⑥ 修与寅同。
⑦ 修与寅同。
⑧ 卯巳南十日修。
⑨ 修与乙同。
⑩ 巳西九月丙辛日修吉。
⑪ 修与巳同。
⑫ 修与巳同。

讼、疮病等灾。① 未为县狱，少子妇命座，犯之害命坐人，鬼魅、火疮、霹雳、盗贼、刀兵、流血、六畜伤死、家破逃散。② 坤人门，女命座，不宜置马厩，犯之偏枯淋肿等。此地宜荒缺低薄，吉。③ 申天刑、龙背，庶子妇、长女命座，犯之失魂、病胁、刑伤、牢狱、气满、火怪。④ 庚宅刑，次女、长孙命座，不宜置门，犯之害命坐人，病右胁、口舌、伤残、损坠。⑤ 酉刑狱、龙右胁，少女、孙命座，犯者害命坐人，失魂、刑狱、气满、火怪。⑥ 辛为螣蛇、讼狱，客命，犯之害命坐人，口舌、妖怪、死丧、灾起。⑦ 戌白虎、龙右足，奴婢、六畜命座，犯之足跷、跛蹇、偏枯、筋急。⑧ 外乾院与同院修造开拓，令壮实，高冈陵大树并吉。宜家长延寿，子孙荣禄不绝，光映门族，乾地广阔。外亥天福与宅极之乡，宜置大舍，位次重叠，深远浓厚，吉。与宅福明堂相连接壮实，子孙聪明昌盛，科名印绶，大富贵。外天仓宜高楼重舍，仓廪库藏，奴婢六畜等舍，大孳息，宜财帛五谷。其位高洁开拓，吉。外天府宜阔壮，子孙妇女居之大吉，亦名富贵饱溢之地，迁职喜，万般悉有矣。绝上外龙腹，福之位，宜壅实如山，吉。远近连接，大树长冈，不厌开拓，吉。若低缺无屋舍，即贫薄不安。外玉堂，宜子妇，即富贵荣华，子孙兴达。其位雄壮，即官职升腾，位至台省，宝帛金玉不少。若陷缺荒残，即受贫薄，流移他地。外宅德宜作学习道艺，功巧立成，亦得名闻千里，四方来慕。亦为师统，子孙居之有信，怀才抱义，壮勇无双。外天德、金匮、青龙，此三神并宜浓厚实大舍高楼，或有客厅，卿相宴游过往。一家富贵豪盛，须赖三神。尤宜开拓。若冷薄荒缺败陷，即贫穷也。外青龙不厌清洁，焚香设座，延迓宾朋，高道奇人自然而至，安井及水渎甚吉。

---

① 午日酉用正月丙辛日修吉。
② 修与丁同。
③ 二月乙庚日修。
④ 申北十二月乙庚修至酉吉。
⑤ 修与甲同。
⑥ 修与申同。
⑦ 西北至戌四月乙庚日修。
⑧ 修与辛同。

青烏先生葬經

序

先生汉时人，精地理阴阳之术，而史失其名。晋郭氏《葬书》引"经曰"为证者，即此是也。先生之言简而严，约而当，诚后世阴阳之祖书也。郭氏引经，不全在此书。其文字面不全，岂经年代久远脱落遗佚与？亦未可得而知也。

青鸟先生葬经[①]

经

  盘古浑沦，气萌大朴。分阴分阳，为清为浊。生老病死，谁实主之。
  气结昆仑，形像质朴。既分南北，则南龙阳而清，北龙阴而浊。有始必有终，有行必有止，始而复终，止而又行，实昆仑主之也。
  无其始也，无其议焉。不能无也，吉凶形焉。曷如其无，何恶于有？藏于杳冥，实关休咎。以言谕之，似若非是。其于末也，若无外此。其若可忽，何假于予？辞之庞矣，理无越斯。
  若言气不于所主之山而来，则此穴或成或否，亦不可得而议也。气必有所来而不能无此穴，吉凶之所形亦彼之贯也。方言其有，曷如入穴之止，求其有中之无也。有无藏在杳冥，微茫不可见，实关得穴与不得穴之休咎。若可以明言谕人，则又恐泄前定之机，而似若非是。于其终也，考验愚俗。不可与言，一无外此。若可以言，忽其世人则天之以此知惠我者，必将以觉后人。既不觉后人，何假于予哉！欲再言其所以重言，此术之不可轻泄也。
  山川融结，峙流不绝。双眸若无，为乌乎其别。
  出峙有天心。至于山川，流自交合；至于水口，皆融成穴。双眸附近之眉毛眼睫，为上面之印证。所以别其真穴也。
  福厚之地，雍容不迫。四合周顾，辨其主客。
  明堂宽大，气势不局促，四山皆合，如宾主揖逊，尊卑定序也。
  山欲其凝，水欲其澄。山来水回，逼贵丰财，山止水流，虏王囚侯。

[①] 金丞相兀钦仄注。

旧注：山本乎静欲其动，水本乎动欲其静。逼贵者，贵来速也。丰财者，财积之厚也。此山来水回之效也。势位之隆，无如王者，而为之所虏。爵位之高，无如公侯，而为之所因。此山止水流之应也。

山顿水曲，子孙千亿。山走水直，从人寄食。水过东西，财宝无穷。三横四直，官职弥崇。九曲委蛇，准拟沙堤。重重交锁，极品官资。

旧注：从人寄食，言为人之佣奴也。沙堤者，言宰相出必筑沙为堤，冀无崎岖以碍车轮也。后人因之，以沙堤为宰相故事耳。

气乘风散，脉遇水止，藏隐蜿蜒，富贵之地。

知其所散，故官不出。就其所止，裁穴有定。回山藏隐，如蜿蜒然，乃富贵之地。璞引《经》云：界水则止其一也。

不畜之穴，是谓腐骨。不及之穴，主人绝灭。腾漏之穴，翻棺败椁。背囚之穴，寒泉滴沥。其为可畏，可不慎乎！

旧注：不畜者，言山之无包藏也。不及者，言山之无朝对也。腾漏者言其空缺，背囚言其幽阴。此等之穴，俱不可葬也。

百年幻化，离形归真。精神入门，骨骸反根。吉气感应，鬼神及人。

人死形脱离而化为土，真气归本，精神聚于坟墓中，受生气，荫枯骨则吉。人祥之气与穴气相感应，积祯祥以及子孙也。郭氏引《经》曰：鬼神及人，宗其类耳。

东山起焰，西山起云。穴吉而温，富贵绵延。其或反是，子孙孤贫。

阴阳配合，水火交构，二气郁蒸而成穴，故吉而温，子孙富贵长久也。不能如是，不可谓穴。

童断与石，过独逼侧。能生新凶，能消已福。

旧注：不生草木曰童，崩陷坑堑曰断。童山无衣，断山无气，石则土不滋，过则势不住，独山则无雌雄，逼山则无明堂，侧山则斜欹而不正。犯此七者，能生新凶，能消已受之福。郭氏引经，证而特言五者，亦是节文之义也。"逼侧"在五不葬之中。

贵气相资，本源不脱。前后区卫，有主有客。

旧注：本源不脱者，以气相连相接也。有主有客，以区穴之前后有卫护也。

水流不行，外狭内阔。大地平洋，杳茫莫测。沼沚池湖，真龙憩息。

情当内求，慎勿外觅。形势弯趋，生享用福。

旧注：凡平洋大地，无左右龙虎者，但遇池湖，便可迁穴。情当内求者，以池湖为明堂，则水行不流而生享福也。

势止形昂，前涧后冈。位至侯王，形止势缩。前案回曲，金谷碧玉。

势止形昂，是龙来结穴，三五融结，将来所以为大也。前涧后冈，则止也。又曰：形昂，言气之盛也。形止势缩，是龙不来正结。特因形止，而就便包裹结倒，所以为次焉。又曰：言气象之局促也。前案回曲，宾主浅深，不过金谷之富而已。

山随水著，迢迢来路。挹而注之，穴须回顾。

山因水激而成穴，是来路之长回头，顾朝水而作穴也。

天光下临，百川同归。真龙所泊，孰辨元微。

天心平正，真龙真穴。万水同归，一源交合。此其所以有元微。

虾蟆老蚌，市井人烟。隐隐隆隆，孰探其源。

堆堆块块，如虾蟆老蚌，而市井平原之气脉，似有而无，显而隐，隐而显，此其为本原也。

若乃断而复续，去而复留。奇形异相，千金难求。折藕贯丝，真机莫落。临穴坦然，形难扪度。障空补缺，天造地设。留与至人，前贤难说。

旧注：谓富地利害轻重，人得而识之；贵地所系大造化，不令人识。唯众人所不喜，则为大贵之地。使人俱识之，则家家稷契，人人夔皋，无是理也。奇形异状，所以千金难求，留与至人先贤，所难说也。断续去留，折藕贯丝，是探本源。奇形异相，真机难摸，且看元微要口。障空补缺，是真穴到处，或有空缺。又外生一峰，以障蔽之，乃天地安排，至人先贤，所以难说也。

草木郁茂，吉气相随。内外表里，或然或为。

生气充备，亦一验也。或本来空缺通风，今有草木郁茂，遮其不足，不觉空缺，故生气自然，草木充塞，又自人为。

三冈全气，八方会势。前遮后拥，诸祥毕至。

旧注：气全则龙势不脱，势会则山水有情，前遮则有客情，后拥则有主情，所以诸福毕至也。

地贵平夷，土贵有支。穴取安止，水取迢递。

旧注：安止则穴无险巇，迢递则水有源流。

向定阴阳，切莫乖戾。差之毫厘，谬以千里。

旧注：阴阳多以左右取穴：左则为阳穴，右则为阴穴。

择术之善，建都立县。一或非宜，立主贫贱。

旧注：葬得其地利则吉，失其地利则贫贱随之。

公侯之地，龙马腾起。面对玉圭，小而首锐。更过本方，不学而至。

本方或正面或左右而匀停，或本皆有用之方。又曰：如马山要在南方。

宰相之地，绣幞伊迩。大水洋朝，无极之贵。空阔平夷，生气秀丽。

绣幞言前山员峰端正，又有大江洋朝，则贵无极也。

外台之地，捍门高峙。屯军排迎，周回数里。笔大横椽，足判生死。

旧注：捍门旗山，取其耸拔。屯军踏节，排衙迎送，贵其周遮。右畔有横山，列在低处，则为判生死笔。须是穴正，昂然独尊，不然则为暗刀山也。故曰难拟。

官贵之地，文章插耳。鱼袋双连，庚金之位。南火东木，北水鄙技。

两员峰相连，一大一小，谓之鱼袋。庚金取其员活，出贵也。若尖尾象火，主医巫。长瘦象木，轻薄象水，出淫荡杂技也。

地有佳气，随土所生。山有吉气，因方而止。

气之聚者，以土沃而佳。山之美者，以气止而吉。自王公而官贵，虽以前山取象，必有气之佳吉。如此，方可指山而言也。

文士之地，笔尖而细。诸水不随，虚驰名誉。

此笔不及外台，判生死之笔也。侍卫不随人爵，位之卑也。故气之佳吉不如前，虚驰名誉而已。

大富之地，圆峰金柜。贝宝沓来，如川之至。小秀清贵，圆重富厚。

旧注：如川之至，言庆之速也。

贫贱之地，乱如散钱。达人大观，如示诸指。

脉理散乱，无的定之穴。注云：山沙散乱，朝对不明。

幽阴之宫，神灵所主。

旧注：吉地有神主之，不轻与人。

葬不斩草，名曰盗葬。

斩草开地之日，以酒奠地神，然后以草斩三断，不然则为盗葬矣。

葬及祖坟，殃及子孙。

言不可于祖坟畔侵葬，福未及，祸先至矣。

一坟荣盛，十坟孤贫。

旧注：点穴如灼艾焉，一穴既真，诸穴虚闲。

穴吉葬凶，与弃尸同，阴阳合符，天地交通。

郭氏《葬经》引此以证，甚明。

内气萌生，外气成形。内外相乘，风水自成。察以眼界，会以情性。若能悟此，天下横行。

"内气萌生"，言穴暖而生万物也。"外气成形"，言山川融结而成形象也。生气萌于内，形象成于外，实相乘也。"察以眼界"，形之于外，今皆可见之。至于"会以情性"，非上智不能言也。眼界之所聚，情性之所止，势所大小，无穴不然。苟能通之，蛮貊之邦行矣。

郭璞古本葬經

郭璞古本葬经

内篇

葬者，乘生气也。夫阴阳之气，噫而为风，升而为云，降而为雨，行乎地中而为生气。生气行乎地中，发而生乎万物。人受体于父母，本骸得气，遗体受荫。盖生者气之聚凝，结者成骨，死而独留，故葬者反气内骨，以荫所生之道也。经云：气感而应，鬼福及人，是以铜山西崩，灵钟东应；木华于春，栗芽于室，气行乎地中。其行也，因地之势；其聚也，因势之止。丘垄之骨，冈阜之支，气之所随。经曰：气乘风则散，界水则止。古人聚之使不散，行之使有止，故谓之风水。风水之法，得水为上，藏风次之，何以言之？气之盛，虽流行，而其余者犹有止；虽零散，而其深者犹有聚。经曰：外气横行，内气止生。盖言此也。经曰：浅深得乘，风水自成。土者气之母，有土斯有气；气者水之母，有气斯有水。故藏于涸燥者宜浅，藏于坦夷者宜深。

此言以中明堂为浅深之准，则山龙之明堂常深，平地之明堂常浅。涸燥指山龙言，坦夷指平地言。

经曰：土形气行，物因以生。地势原脉，山势原骨。委蛇东西，或为南北。宛委自复，回环重复。若踞而候也，若揽而有也，欲进而却，欲止而深。来积止聚，冲阳和阴。土厚水深，郁草茂林。贵若千乘，富如万金。经曰：形止气蓄，化生万物。为上地也，地贵平夷，土贵有支。支之所起，气随而始；支之所终，气随以钟。观支之法，隐隐隆隆，微妙元通，吉在其中。经曰：地有吉气，土随而起；支有止气，水随而比。势顺形动，回复终始。法葬其中，永吉无凶。夫重冈叠阜，群垄众支，当择其特。大则特小，小则特大。参形杂势，主客同情。所不葬也，夫垄欲峙于地上，支欲伏于地中。支垄之止，平夷如掌。故经曰：支葬其巅，垄葬其麓。卜支如首，卜垄如足。形势不经，气脱如逐。夫人之葬，盖亦难矣。支垄之辨，眩目惑心。

垄，言其老也；支，言其嫩也。老忽变嫩，嫩忽变老，所以眩目惑心也。

祸福之差，候虏有间。山者，势险而有也，法葬其所会。故葬者原其所始，乘其所止，审其所废，择其所相。

辅也，即缠护夹从也。龙怕孤单，故须夹辅。

避其所害。浅以乘之，深以取之，辟以通之，阖以固之。乘金相水，穴土印木。外藏八风，内秘五行。天光下临，地德上载。阴阳冲和，五土四备。是以君子夺神，工改天命。经曰：目工之巧，工力之具。趋全避缺，增高益下。微妙在智，触类而长。元通阴阳，功夺造化。上地之山，若伏若连。其原自天，若水之波，若马之驰。其来若奔，其止若尸。

伏连自天。水波、马驰，言势来若奔龙欲其来也。形止若尸，穴欲其止也。

若怀万宝而燕息，若具万膳而洁齐，若囊之鼓，

言气之吸也。

若器之贮。

言气聚而不散也。

若龙若鸾，或腾或盘。禽伏兽蹲，若万乘之尊也。天光发新，

明堂开也。

朝海拱辰。

言譬水虽万派，同归于海；星虽遍天，必拱北辰。例众水皆为穴用，诸山皆拱此龙。

龙虎抱卫，

贴身龙虎，抱卫朝山，与主山之穴情相向也。

主客相迎。四势端明，五害不亲。十一不具，是谓其次。山之不可葬者五：气以生和，而童山不可葬也；气因形来，而断山不可葬也；气因土行，而石山不可葬也；气以势止，而过山不可葬也；气以龙会，而独山不

可葬也。经曰：童断石过独，生新凶，消已福。占山之法，势为难，形次之，方又次之。势如万马自天而下，其葬王者，势如巨浪，重岭叠障；千乘之葬，势如降龙，水绕云从；爵禄三公，势如重屋，茂草乔木；开府建国，势如惊蛇，屈曲徐斜；灭国亡家，势如戈矛；兵死刑囚，势如流水。生人皆鬼，形如负扆，有垄中峙，法葬其止；王侯崛起，形如燕巢，法葬其凹。胙土分茅，形如侧罍。后冈远来，前应曲回。九棘三槐，形如覆釜；其巅可富，形如植冠；永昌且欢，形如投算；百事昏乱，形如乱衣；妒女淫妻，形如灰囊；灾舍焚仓，形如覆舟；女病男囚，形如横几；子灭孙死，形如卧剑；诛夷逼僭，形如仰刀，凶祸伏逃。牛卧马驰，鸾舞凤飞，腾蛇委蛇，鼋鼍龟鳖，以水别之。牛富凤贵，腾蛇凶危，形类百动，葬皆非宜。四应前按，法同忌之。夫千尺为势，百尺为形。势与形顺者吉，势与形逆者凶。势凶形吉，百福希一；势吉形凶，祸不旋日。千尺之势，宛委顿息。外无以聚内，气散地中。经曰：不蓄之穴，腐骨之藏也。盖噫气为能散生气，龙虎所以卫区穴。叠叠中阜，左空右缺，前旷后折，生气散于飘风。经曰：腾漏之穴，败椁之藏也。经曰：外气所以聚，内气过水所以止。来龙千尺为势，百尺为形，势来形止，前亲后倚，为吉藏也。

后倚，其圆分也；前亲，其尖合也。言后要有分，前要有合也。

经曰：地有四势，气从八方，故葬以左为青龙，右为白虎，前为朱雀，后为元武。元武垂头，朱雀翔舞，青龙蜿蜒，白虎驯頫。形势反此，法当破死。故虎蹲谓之衔尸，龙踞谓之嫉主；元武不垂者拒尸，朱雀不舞者腾去。土圭测其方位，玉尺度其遐迩。以支为龙虎者，来止迹乎冈阜，要如肘臂，谓之环抱；以水为朱雀者，衰旺系乎形应，忌夫湍激，谓之悲泣。朱雀源于生气，派于未盛，朝于大旺，泽于将衰，流于囚谢，以返不绝。法每一折，潴而后泄。洋洋悠悠，顾我欲留。其来无源，其去无流。经曰：山来水回，贵寿丰财；山囚水流，虏王灭侯。夫土欲细而坚、润而不泽，裁肪切玉，备具五色。干如穴粟，湿如刲肉。水泉砂砾，皆为凶宅。经曰：穴有三吉，葬有六凶。藏神合朔，神迎鬼避，一吉也；阴阳冲和，五土四备，二吉也；目力之为，工力之具，趋全避缺，增高益下，三吉也；阴阳差错，为一凶；岁时之乖，为二凶；力小图大，为三凶；凭恃福力，为四凶；僭上逼下，为五凶；变应怪见，为六凶。经曰：穴吉葬凶，与弃尸同。经曰：势止形昂，前涧后冈。龙首之藏，鼻颡吉昌，角目灭亡，耳致侯王，唇死兵伤。宛而中蓄，谓之龙腹。其脐深曲，必后世福；伤其胸胁，朝穴莫哭。是以祸福不旋日。经曰：葬山之法，若呼谷中，言应速也。

繆希雍葬經翼

缪希雍《葬经翼》

原势篇一

夫山者宣也，其气刚；川者流也，其气柔。刚柔相荡而地道立矣。是知五岳四渎，所以节宣天地之气者也。昔者庖羲氏之俯察，其在兹乎？气有升沉，变化莫测。拟之于龙者，潜见飞跃，不可得而知也。然其始发也，必有势焉。是故经曰：千尺为势，百尺为形。曰势来形止，曰若马之驰，若水之波。言形近而势远，形小而势大也。审势之法，欲其来、不欲其去；欲其大、不欲其小；欲其强、不欲其弱；欲其异、不欲其常；欲其专、不欲其分；欲其逆、不欲其顺。气之积而成体也。厥状有五：火，言其锐也；水，言其波也；木，言其直也；金，言其圆也，土，言其方也。五体咸备，气之至盛者也。伏而再发者，由粗出精，刚中柔也。上势之伏，陟降以正，侍卫以严。水分旁达，相顾为关。其纵也，奔崩千里；其横也，跨州连郡。其川源之襟带也，回环重复，情与之偕。会为江湖，以蓄其气；嵩为尾闾，以固其去。故窅乎若九重，矫乎若万马，茫乎不可得而窥焉。经曰：占山之法势为难。斯言尽之已。善观山水者，审其长短，而知衰旺。善辨衰旺者，问发源之水，远近阔狭而知山力之大小。兼能鉴气辨色，因吉凶而卜休咎，则精粗毕举，靡有遁情。原其所始，要其所终，察其向背，度其短长，不出户庭而得方域之概，河山千里，指顾咸归矣。

察形篇二

经曰：势来形止，是谓全气。全气之地，法葬其止。又曰：其来若奔，其止若尸。是知来与奔，言其势之趋走者，动也；止与尸，明其形之端凝者，静也。势即来龙，形即穴星。势欲其来，形欲其止。故经曰：过水所以止来龙。又曰外气横行，皆所以明其止也。穴星万变不同，一如人形。虽大小、高下、肥瘠、俯仰、正侧各状之难齐、而其外貌之可必者，不出圆、匾、直、曲、方、凹之六体。六者之变，不可胜穷。不合体者，非穴星也。夫既明其体矣，又当求其气之所钟。夫山体本静，故穴宜求动。动属阳，阳即生气。故经云：葬者乘生气也。后之明师，更其说为隐语云：先看金龙动不动者，即此也。龙从左来，其气倒右，故穴宜求之于右。龙从右来，其气倒左，故穴宜求之于左。故云次看血脉，认来踪。龙来正出者，落穴反多偏闪。龙来偏出者，落穴反多正结。故曰梧桐叶上生偏子，杨柳枝头出正心也。经云：乘金相水，穴土印木。何谓也，盖五行中，以圆为金，以曲为水，以直为木。凡真穴必有圆动处。窝钳之圆在顶，乳之圆在下，突之圆在中。若窝钳之中，更有泡突。乳突之上，复有窝钳，名曰罗纹、土缩，即少阴少阳之穴也。孩儿头下有毬檐，毬檐下有葬口，葬口之上，正中曰人中，葬口之下，余气曰毬髯。此皆入穴动气，证佐消息之异名也。何谓相水，盖有此圆相可乘，左右必有微茫曲抱之水，交揖于穴前、小明堂内。后人更之曰虾须、蟹眼、金鱼等名者，此也。何谓印木，盖微茫水外，必有蝉翼沙两片，隐隐隆隆，直夹过穴前，然后逼得微茫水合于小明堂内。昔人云：上出明肩，下开暗翼。股明股暗，边短边长者，指此。非聚精会神，含光洞视者，莫能察见也。有此三者，又须有五土四备、裁肪切玉之土。石山土穴，取夫四备；土山石穴，求乎肪玉。四征既具，中间必有暖气，即火也。此占穴之要法也。是故求穴大势所在，在乎水城堂局，而细察决疑则定于小明堂。次及近案、龙虎、鬼乐之情。看水城湾环所在，即为有情。下砂须真面来收，即名得水，即穴不远矣。更审堂局何边，平正端的，要以左右砂水相包适中处，对面登高望之合局处，自然不同，即穴不远矣。必欲无疑，看穴前有小明堂，微茫水合处，可容人卧。昔人云：水证明堂堂证穴者，此也。小明堂内，回首望穴星顶，相于圆、匾、直、曲、方、凹中，随合一体，即是证佐。星体面上有窝钳、乳突、鸡心、鱼胞、灰中线、盏中酥、草中蛇、等一项动气，即是真穴。或近案有情，或至此则砂水凶恶者，皆消得穴中不见，名曰神藏煞没。或至此则龙虎方驾得住，或直来横受到头。穴星是横山，则横龙出穴，必有鬼，当以鬼星征应求之。惟孝顺鬼交抱于后，当从中取。又有无鬼者，以托乐证之。托乐之体不同，惟取逼近穴星为有力。又有无托乐者，或龙尽倒钩，或逆盘向里，则不拘托乐有无，凡大龙尽处，山尖薄，局势散，风吹水劫，必不结穴，宜向腰脊求之。非腰结，必骑龙。二者总须星辰端秀，穴情合法，夹从有情，局内水俱为之用，同称干龙正尽。大抵骑龙之地，穴虽多种，不出倒、顺、侧、横之四势。倒顺二法，不离龙脊。在龙脊者，山须开面，再出细嫩，穴星如过峡状。穴前小明堂宽平，不觉水跌穴中，不见大水去穴前。去者亦出。真面朝向转里，枝脚要抱回。当穴两旁要有夹耳，即天乙、太乙。罗城要周密无缺裂，水流去数十里必合。必有真水口，捍门收住。此顺骑龙法也。若倒骑龙，则多结于龙将尽处。倒望来龙结穴，元武须大开面，垂头须细嫩，小明堂、近案、夹耳，一如前法。求之近身枝脚，通应抱回。大水倒合会于后，或有捍门在后。罗城水口，俱须紧密。水口以交互者为上。左顺侧骑、右顺侧骑、左倒测骑、右倒侧骑四法，穴必偏向一边。亦以龙来左右定之。凡侧骑之势必偏。顺则取当面，出一横案，过宫收回。穴前之水，下砂枝脚，趋来与横案相亲，如合盘之势方佳。逆则取穴上收一边之水。凡言收一边水者，即指前界水而言。必无收后界水之理。记取记取。面前另有横案遮阑，只取横而有情，抱我便佳。盖逆势小案多顺，勿以为嫌。下砂须逆插收回，真面向里。明堂、夹护、应案、罗城、水口，一如常法。检察不可疏漏，唯有横骑龙，结作不同各势。直与大龙腰落一体，或出一节、二节。星辰即结者，尚名横骑龙。若再抽数节，或开小障，出脉作穴，方称腰落。此其大略也。大抵葬者、藏也。穴者、山水相交，阴阳融凝情之所钟处也。藏之欲乘生气者，谓阳气聚处，则无风、蚁、水三者侵体之患也。夫情与无情，其本不二。山川交会，何殊有情者哉。信斯言也。求穴者思过半矣。

怪穴篇三

已作察形篇，竟形穴大意，校然可知。惟是奇形怪穴，非常法所可尽者，谨再述其概，列之于后学者，以意求之可也。穴有摇拳者，穴星虽正，中间却空。或结于左、或结于右。结穴一边，必然细嫩。或捻颈、或伏断，再昂到头，必有动气。动气前必有小明堂，仅容一人侧卧，则微茫之水方住。若摇拳又兼没骨，则看石纹。两边左右相交，中间有土，方是真穴。沙水必尽趋拱，这边那边，只为应案相向而已。穴有入水者，杨公云：也有穴在深潭里是也。此必石脉连根透下，聚水湖海，平流处仍复昂起，星辰不拘大小，必有上好土色。石纹相交、证佐分明、窝钳、乳突、鸡心、鱼胞等动气天然，方是真穴。大要在察后龙真来，别无结作，方可著眼。若果大龙度水，必然开障作势，两边枝脚，一齐涌来，临水跌断，方是真度。水势若山，不开障，来不汹涌，枝脚边有边。无便非真度水之龙。水中虽有小山，只作星散零断者论，必不融。结穴有影光者，如太阴、金星，整齐圆匾，而面上或急、或满、别无动气，前有余气，圆晕即是影光。或以得水，一边有微动处，扦挂角穴；或正中取魄，穴必有小明堂及应案方真。盖太阴者，月象也。以其圆匾而满急，故不求之面，而求之气。此至理所存，非臆说也。穴有仰瓦者，法曰两金扛一水，穴在软中裁。凡天财体多是。背后仰瓦，只以有乳为真。及鬼星托乐，为准大地，亦有此法。唯别于来势尊特，罗城阔大而已。穴有拖枪形、将军踏弩形，皆是余气不住。所离元武嘴长，高处点三脚，金星顶上扦。同一例也。穴有上聚者，凡缠护龙虎，周回捆夹得紧，其气必拶聚于顶，除小明堂外，则以外洋为局。总亦须入穴细嫩藏风，不露为妙。若后龙近处，从无抽细。作蜂腰、鹤膝状，及辏地跌断者必无。此法误下，立致败绝，慎之。穴有下聚者，凡后龙未尝跌断辏地，或入穴气急、或星面匾大、穴出弦棱之类，通名下聚。要以低而不沉，平而不脱，四山高而不压小水，应案相称，方为合格。穴有脱龙就局者。来龙虽大，抛踪闪迹，穿田度水，脱卸在一边，初看若与大龙不连属，细察则大龙开面卸下，伏而再起。本山别不结，地如新建。伯王公祖地，乃大丰山正面，卸下平地，数里无脊，忽于平田中起，小小两枝倒地木，一横一直，正中落穴有窝。界龙之水甚远，而大丰山反在一边，并不坐障。惟见江水绕流，远朝是面，局势宽平而已。观此可以类推。穴有四空者，脉从一隅入首，斜倚受气，四正俱空，四隅有山照应。若姚江邵氏、柳家澳祖地是也。须龙来真确，活动飞舞，局势完秀，四山面拱，方可为准。穴有錾皮者，凡木星开大口，悬乳或发水泡，微有微茫，略见而难分者，多是錾皮。盖木之生气在皮，故木星入穴，土亦不厚圹，不宜大深。夫葬者，藏也。故穴以藏聚为主。盖藏聚则精气翕集，暖而无风，暖则无水，无风则无蚁，三害不侵，则穴得矣。穴虽怪，不出乎动气、小明堂及应案、鬼乐以求之。乘金相水、穴土印木等法以证之。砂水聚散，有情无情以别之。众为我用，则我为主；身为人卫，则我为奴。气精力强，故为主者；个细而数断，粗雄偏侧，故为从者。拥护而趋随，穴星之山形宜大，入手处落穴动气宜小。大抵所喜者润嫩小巧，所忌者粗大老拙，斯求穴之大法也。悟之者自能成其变化，达其元微，书不尽言，图不尽意，往圣尚欲自得，况后贤乎。乃若诸家穴法，则三宝宝照。杨、曾、刘、胡、廖、谢、司马辈，咸究极其变，不可不参之以开廓知见。然而一领百会，非心通神解者，孰能与于此法外一句。唯有情则娎，可以嘿会，难以形求。噫，大匠能与人规矩，不能与人巧。昔人谓有人识得明堂法，五百年中一间生，诚叹此尔。

穴病篇四

夫山止气聚，名之曰穴。穴有真病，同乎废人。虽具形骸，神气伤于败缺，而中无所存。如是者，法不可葬。葬之则三害臻。故穴有贯顶者，脉连脑抽，星峰不现，上既无分，下何所合也。穴有折臂者，龙虎夹辅，当穴凹折，外风不蔽，生气内散也。穴有破面者，星体虽端，面则流破，一如浪痕，皮崩肉裂，生气无传也。穴有坠足者，脉从足出，星峰上压，生气不舒也。穴有绷面者，星面绷紧，脉痕横生，条数虽多，横而无直，气无所聚也。穴有饱肚者，粗如覆箕，圆如榧子，區如瓜体，上下浑沦，分止弗具，虽有尖圆，法无所施也。穴有割脚者，形势虽正，水洗裀褥，扫割无余，生气已荡也。穴有漏腮者，贴身蝉翼裹不过穴，小水既漏，内龙虎折边，水不会于小明堂也。虎蹲者，形反而凶，僭且逼也。龙踞者，势凌而压，强且窜也。元武拒尸者，星峰无降势也。朱雀腾去者，水倾反而朝斜背也。前花者，余气为官，二水虽交，尖露无静，沙脚逼迫也。后假者，穴背鬼托，龙虎虽端，水涯必溜，出穴一望，众不归随也。左右诡落者，其堂必倾，过宫回视，水却趋会于真穴也。故凡山形高大、穴出贴身者，纵见窝钳乳突，百稀一实也。形穴软小而众水不归，护缠不附者，虽巧嫩可观，生气微薄，必无尊特也。要以先审向背，次察精粗，枝干既得，主从因之。四应有情，分合无谬，众势既会，沙水自朝。起自分龙，至于入穴。山水互交，由大及小，由外及内，值至入首，动气，小明堂分合分明，则枕圆向尖，眠干就湿之道得，而风、蚁、水三害不侵。天地之生机显，而穴无所逃矣。不然，其误可胜穷哉。占穴真伪，可不慎欤。

峡论篇五

夫峡者，祖山中干行度之。次敛大为小，变粗为精，两山相夹以成之也。故峡必断伏，旁必有夹，谓迎送也。过必中出，得正气也。其伏也至地，其拔也干霄。水分左右，山转关阑，蓄而回环，可建州邑，则干之所钟，枝之所止，概可想矣。是故平夷千里，王者之宅。奔腾不息，山陵之格。迢迢郁郁，作镇方岳，自余偏断宅坟已尔。

分龙篇六

崇山忽起，作镇一方，莫之与京者，是曰祖山。群垄横出，力有长短，众之所趋。彼独开张，断续拱护，是为正干。或各分而势小，或因干而再抽，此分龙之始也。各分欲其成体，再抽欲其出面。成体者尚须变化，出面者唯求特达，又当观其始分，再抽之际，护从冈峦，孰多孰寡、孰短孰长，则得水得局，可概见矣。昔人谓起家须用好公婆是也。

四兽砂水篇七

夫四兽者，言后有真龙来住。有情作穴，开面降势，方名元武垂头，反是者为拒尸。穴内及内堂水与外水相矮，潆回留恋于穴前，方名朱雀翔舞。反是者腾去。贴身左右二砂，名之曰龙虎者，以其护卫区穴，不使风吹，环抱有情，不逼不压，不折不窜，故云青龙蜿蜒，白虎驯頫。反是者为衔尸、为嫉主。大要于穴有情，于主不欺，斯尽拱卫之道矣。至于砂之插回收水者，必须开面向里，不拘远近，俱名有情。远朝及前后左右之砂，皆以真面相向，无破碎、尖射、凶顽为融结证佐。唯曜气飞扬，穴中不见者，不忌。大地多有此类。欲知砂之背面，当分厚薄顽秀。背厚面薄，背顽面秀，背挺面湾。面来必有情而长，背则无情而短。故砂之湾者水必湾，砂之秀者水必秀，砂之走窜者水必不收。砂水之形，实相比附者也。吉凶征应，可不言而喻矣。

明堂篇八

明堂者，穴前水聚处也。其名有三，大约穴有窝钳乳突四体，则自然有蟹眼、金鱼、虾须三法之小水，皆自毬檐分，下微茫界合处，可容一人侧卧，名小明堂。两边必有蝉翼沙，似有似无，包裹于外，占山正法，必有此堂。入穴方真。其二，龙虎内二水合处，名中明堂。专以窝平圆匾为常体。然亦有真地。无此者，或穴结高山，龙虎夹紧，直垂向穴下。穴中小水聚成一线，从中流出者，势使然也。或穴结临江临溪，洋朝当面，直至山脚。若非龙虎夹紧，直走至水边，则水冲堂而气散，且兼有洗脚之患，便不成地。此山川自然之情，造化之妙，非人所能为者。总之，落穴处开睁，则小明堂已真；外虽夹紧，无害吉水。萧氏白砂祖地，牡丹滴露形，即此格也。时人误安金简银槽之名，又从而援之，以误后世，俾无堂局者，亦得滥此可慨也。其三，乃外洋大势，自少祖分水，总聚于大龙虎外。或从太祖分水，并入外堂，或无此二者，而外来大水横过中明堂，前后面几节分水，俱流入横水内。或远江远溪来朝，抱于横水外，通名之曰外洋大明堂。凡中明堂即内堂，其水有逆、有顺，有横。大地龙虎，多层大水在外，非横则逆。则此内堂之水，虽欲之元行走，终必当面而出，与大水会，此小顺大逆，上地之局也。唯大水势顺，而内堂水逆，有龙虎下砂收回，名小逆大顺，此中下地也。亦有层层交互、过宫环抱者，此名大顺局，亦主力量绵远，此非龙真穴的。山势大者勿下，大抵明堂以聚水为上，横抱次之，朝水又次之，交互有情，不见水去而顺流者又次之。四局既定，义备于斯。唯明者详焉。

余气篇九

罗城者，祖山分障，包罗于外，以成大局者，即龙之余气也。穴已结而前出者为官，穴后拖抱不见者为鬼，此即穴之余气也。曜气者，龙虎外飞扬。反张者，即砂之余气也。顺骑龙，余气前；倒骑龙，余气后拖。二者虽抛假穴，毕竟虚花。若不以乘气之法、及开睁与否、石纹转否证之，鲜不误者。昔贤谓余气不去数十里，决然不是王侯地，正指此类。非专为穴前余气一端而设也。

水口篇十

夫水口者，一方众水所总出处也。昔人谓入山寻水口，又云中士求水口，又云平地难得者水口。盖局之大小、山之贵贱，咸于是乎。别也，必祖龙开障，展作罗城。罗城余气，去作关阑。重重关锁，缠护周密。或起捍门，相对特峙。或列旌旗，或出禽曜。或为狮象，蹲踞回互于水上，或隔水山来缠裹，大转大折，不见水去方佳。若在山中，必得交互水口，方为有力。若结都会，及作帝王山陵必有北辰尊星坐镇水口，高昂耸异，望之惊慑者，始合上格。唯取两面合抱收回者方正局。一边真面单卷、一边借辏无真面同收者为偏局。皆以跌断成星体者为贵。此总水口也，亦名大水口。若中间只结一地，余皆为用者，其近身必当有小水口。中洋、外洋亦必层层有收水之砂，此为专结。昔人谓关门若有十重锁，必有王侯居此间。可概见矣。若局内龙非一枝、地非一穴，则各各有近身小水口，或有罗星收水。昔人谓大水之中寻小水者，指此。盖水口乃地之门户，王侯有王侯之垣城，将相有将相之困第。方岳藩镇，可以类推。观外即可知内，当与望势参合，亦占山之要诀也。

望气篇十一

山冈，体魄也；气色，神理也。故知山川为两仪之巨迹、气质之根蒂。世界依之而建立，万物所出入者也。然则气，其形之本乎？知形势而不知神气，譬之贵人已死，不如贱生；壮夫病困，未若弱强。凡山形势崩伤，其气散绝，谓之死。形势虽具，生气未舒，谓之枯。死者不可复生，枯则有时而润。关中者，天下之脊，中原之龙首也。冀州者，太行之正，中条之干也。洛阳者，天地之中，中原之粹也。燕都者，北陇之尽，鸭绿界其后，黄河挽其前，朝迎万派，拥护重复，北方一大会也。之数者，自三代以来，靡不为帝王之宅。然兴衰迭异者，以其气有去来之不齐也。凡山紫气如盖，苍烟若浮，云蒸霭霭，四时弥留，皮无崩蚀，色泽油油，草木繁茂，流泉甘冽，土香而腻，石润而明，如是者，气方钟而未休。云气不腾，色泽黯淡，崩摧破裂，石枯土燥，草木零落，水泉干涸，如是者，非山冈之断绝于掘凿，则生气之行乎他方。有一于此，法不可葬。误卜之者，立跻乎沦丧。此气机之变，未始易窥。然而山川虽大，气则有征，盛衰虽微，来非无自。审择形势，参以鉴气辨色，微乎微乎。精义之至者乎。脱不具夫天纵之朗鉴，济之以神明。无累，鲜克举此，故知庸人睹而弗见，听而罔闻，几微旁烛，亦何自而臻耶？与时消息，以乘生气，此形势之要，占山之秘，故终之以望气焉。

葬旨篇

山刚水柔，相比以求。喜其姤会，恶其囚流。远势近形，众秀毕呈。势来则聚，形止斯凝。或跃若龙，或驰若马。万派同奔，众势俱下。巍巍戾空，是祖是宗，睨而视之，神悚心忡。大以成大，众中特尊；小以成小，特亦情存。凡物之性，负阴抱阳。阴背肃杀，阳向荣昌。向故使聚，背乃反张；向出口面，背则颓溜。唯口得食，唯后弗秀。宁为鸡口，毋为牛后。向背若差，其失大谬。阳若左旋，阴必右回；阴若左转，阳亦右随。阳窝阴脊，两片为的。消详变化，造物定式。阴来阳止，阳来阴承。毫厘有差，休咎反征。左来钟右，右来钟左。入首察脉，气归止所。气行地中，必与水比。浅深欲乘，明堂是例。

江南无深圹，江北无浅穴。此地气厚薄之不齐也。

体若高昂，贵在包藏。葬者藏义。乘风弗臧。形若下聚，势必得水。

水来风去,气融斯美。金木相并,火金并体。葬其所会,挨生弃死。隐隐隆隆,生气在微,动而弗著,故曰难知。窝钳乳突,动体之形。穴以之立,不合匪情。贯顶漏腮,绷面莫寻,割脚折臂,真气不临。元武拒尸,死气勿针。衔尸嫉主,压窜灾侵。有临必合,无合必淋。虾须、蟹眼、金鱼难别。三水四穴,岂可一律。贴身蝉翼,股暗股明。水交气止,明堂略平。平可人卧,不平则倾。毬檐毬髯,人中莫偏。正毬架折,杖枕尖圆。缓急饶减,接迎要端。消详放送,就湿眠干。棺脉相枕,盈缩自然。水蚁不作,八风宴安。九害永辞,五福自骈。匠心烛远,至理幽元。俯察道要,匪悟难言。

十二倒仗图次

顺杖图　逆杖图　缩杖图　缀杖图　穿杖图　离杖图
没杖图　对杖图　开杖图　截杖图　顿杖图　犯杖图

倒杖总论[①]

倒杖者,葬家立穴放棺、消息准的之要法也。大较各因其入首星辰脉络,自然之势。顺适其情,不违其理。的知生气所钟,因放棺以乘之。俾前后左右,合乎天然。虽气有迁流,而枕圆就尖,不逾界穴。微茫之水,水交气止,是小明堂。第二合水,是中明堂。穴之浅深,应与之并。此是一定不移穴。穴皆然之,矩度也。脉变无穷,法总十杖。虽云图论之详,尤贵心目之巧。察之会之,慎毋失之。其安也可几矣。若夫顿者顿于未止,犯者犯其死气,违乎生气之乘,害乎骨骸之藏一也。苟不明十杖真踪,不流于顿犯者几希。前十是法,后二简非,研几极微,心契于法者,能舞舛焉。

---

① 并载诸家葬法,以悉倒杖之旨。

顺杖之图

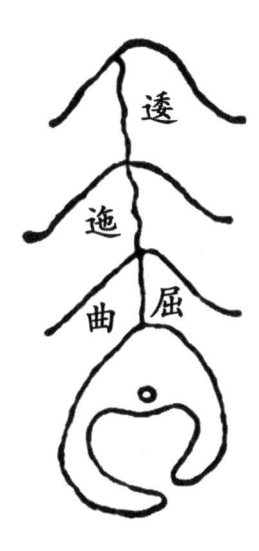

图说

　　凡顺杖之法，遇龙势懒缓，脉微屈曲，方可用顺杖。正对入脉而下，插中顺来势以放棺，直施斗接之功，不借饶减人之法，葬后发福绵长。

　　脉善雌穴用顺杖，脉善迢迢势软平，委蛇退卸似蛇行。气从脑入棺中正，顺杖仙机妙入神。

逆杖之图

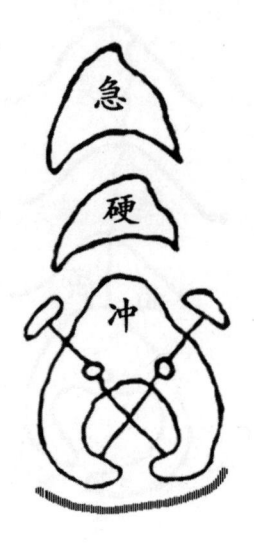

图说

　　凡逆杖之法，龙势雄长，气脉急硬。宜饶归一边逆倒杖。放棺而侧受，挫急势而归缓地，葬后发福甚骤。忌用顺杖、犯杖。

　　急硬冲来气势雄，放棺切忌直当锋。气从耳入微斜受，逆杖饶偏始有功。

缩杖之图

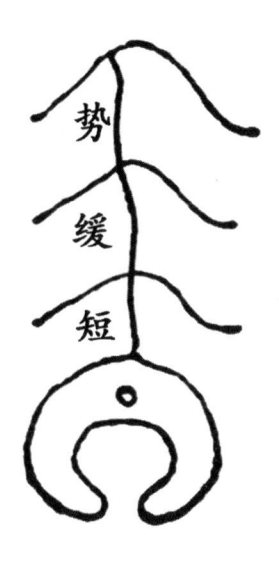

图说

凡缩杖之法，来脉缓而短，其脉冲奔在顶。百会之间，必发小突如鸡心状，以其融结上聚，宜缩入脑头正倒杖。凿开天庭放棺，故曰。盖穴名缩杖，下后人财大旺，发福悠久。

势短来徐上聚高，气藏百会产英豪。放棺凑紧当中截，缩入天庭不用饶。

饶者，让也；即抛出也。减者，截去也；即凑入也。

缀杖之图

图说

　　凡缀杖之法，以其来脉劲直，以杀气既脱之前，取生气已阑之后，脱脉二三尺，正倒仙杖。大堆客土，长接高塍以续脉，此谓缀杖。葬后朝贫暮富。脉急粘穴用缀杖。
　　劲势冲来不可回，到头急杀上崔巍。放棺脱杀乘生气，缀杖能令发似雷。

穿杖之图

图说

凡穿杖之法，以其来势上直，下无堂气。稍停缓处，必开腌脐窝。其法取中停，或十字，或剪刀交倒杖放棺，横枕乐以靠棺首，截直脉而注棺腰。如斗斧眼、如撞钟槌者，穿杖也。葬后发福久远。

上刚下急势棱嶒，好觅中停撞乐星。十字剪交横受脉，仙人穿杖有谁能。

离杖之图

（势雄猛）

图说

  凡离杖之法，龙脉雄急，却以脚下卸落平坡。或如金盘棋局，以乐应齐登，宜就平坡倒杖，脱本脉之急而浮迁。或取微凸之上，或在窝中略去二三尺，土高堆客土为坟，后出宽广之土，慎勿深掘。郭氏谓坦夷宜深，涸燥宜浅。言定穴之浅深，非言地势也。

  势雄气猛峻无停，脱卸铺毡展席平。离脉就停中倒杖，如盆中正叠成坟。

没杖之图

图说

凡没杖之法，因乳头肥大圆满，必大开明堂，阔作茔基。凿金井于茔基之中心，放棺以葬，与脉一线泯没。故曰没杖。葬后人丁官爵悠长。乳大脉突用没杖。

乳肥面满脉微茫，法有开金取水方。阔大开茔中接气，酌量没杖始相当。

对杖之图

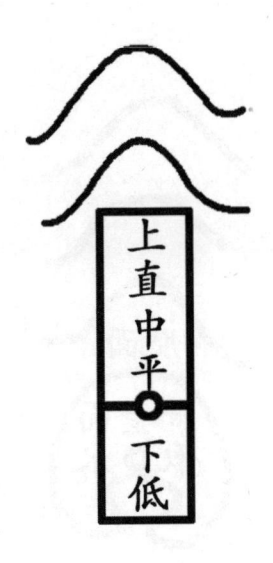

```
上
直
中 平
———○———
  下
  低
```

图说

　　凡对杖之法，以脉直昂，忽然低下，居高则急，居卑则弱。上无停，下无平，两旁则不结，只于高低相接之所，倒杖放棺，是为对杖。但高脉直张，急杀未尽，虽龙真发福，不免成败有焉。

　　上直中平下忽低，刚柔顺逆两相宜。只堪对杖棺中正，发福须交吉半之。

开杖之图

势
直
冲

图说

凡开杖之法，脉势雄硬，上之则冲杀难当，下之则气散不结。别寻生气趋向何边，看左右相顾之水，收前后朝应之山，稍离来脉，此谓开杖。经云：直杀冲中，夺葬其旁。然止离二三尺，不可太脱脉也。倚左长先发，倚右小先发，侧受倚穴用开杖。

直冲中杀不堪迁，堂气归随在两边。倚脉稍离三两尺，法中开杖最精元。

截杖之图

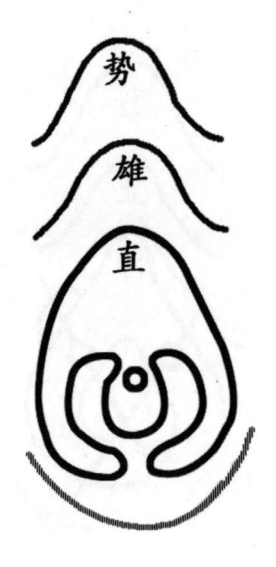

图说

　　凡截杖之法，来脉直泻而下，上既不住，下又凌压于稍弱处。气行血通之所，对中阑截，取正放棺如骑马，名截杖。真停正止，截得气住，富贵双全久远。然水本两分，初年未免小败，旋复兴隆也。

　　上雄直泻下凭陵，稍弱中间必有停。其法龙腰骑龙脊，仙机截杖是真经。

顿杖之图

（势 雄 昂）

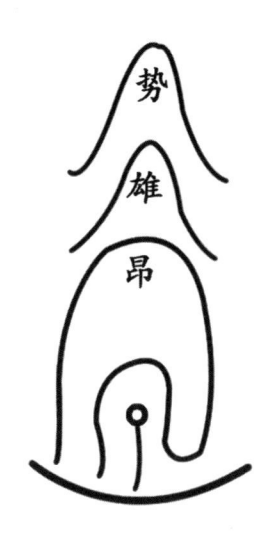

图说

凡顿杖者，来势本刚，落脉又险，明师未明，勉强斗杀，直撞，以遭急射之凶，葬后人财衰耗，不吉。

到头崎峻势还雄，凑脚当锋不免凶。时人不晓安困顿，养尸无益应家穷。

犯杖之图

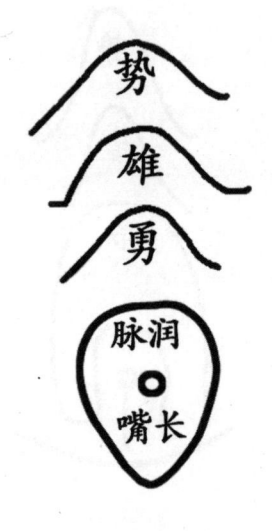

势
雄
勇

脉润　嘴长

图说

凡犯杖者，其脉死硬。元武嘴长带杀，误扦嘴穴，此为犯杖。

龙雄元武嘴尖长，嘴上安坟杀气昂。此是乱埋为犯杖，翻棺倒骨见刑伤。

三宝经穴法

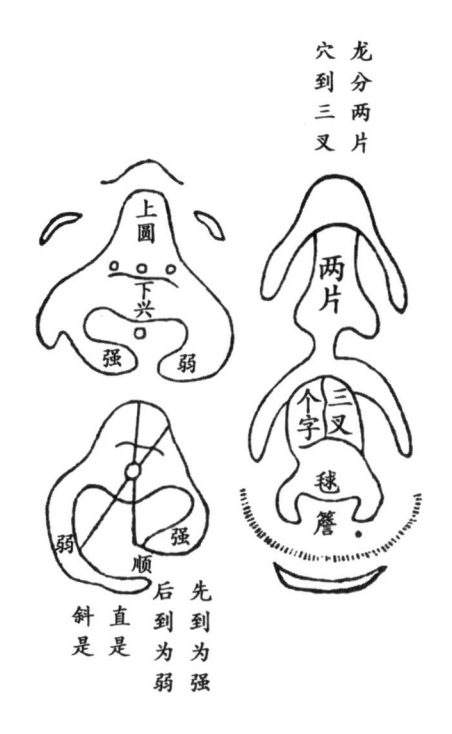

图说

两片三叉穴自然，仗随斜侧枕尖圆。接迎顺逆分强弱，个字之中元又元。

两片者，贴身两旁之砂也。三叉者，两片之中有脉，泻下成三叉之形，即个字也。尖圆者，个字之下，虾须水分合之中，有上圆下尖之形也。穴之结，有正有斜侧。正者王，扦之后倚前亲，上不出圆，下不出尖，所谓枕也。此犹易知。斜侧之穴，尖圆之形难辨，亦必求后倚前亲之法。随其斜侧而枕之，总不失尖圆也。然龙脉有强弱，则扦法亦不同。当认其何为强，迎而饶减，所谓逆杖由之而逆指也。认其何为弱，接而直受，所谓顺杖由之而顺放也。

然则尖圆、强弱、正侧、顺逆，俱不出个字之内矣。予故发明此诗。

后倚三龙水，言三水分处，穴必倚之。

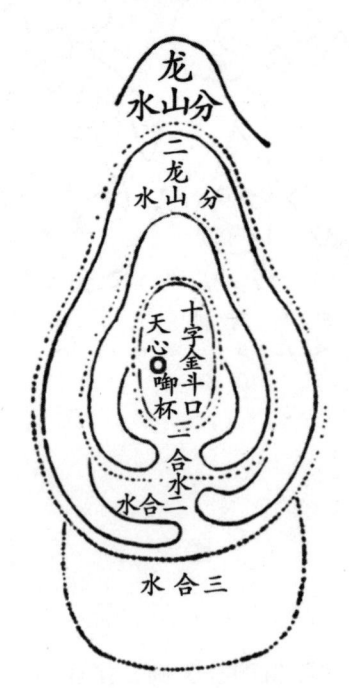

后倚三龙水言三
处穴水分
倚之必

一龙山分
二龙山分
十字金斗口
天心○唧杯
二合水
水合二
水合三

前亲三龙水言三
处穴水合
亲之必

图说

横斜直撞金斗口，天心十字口衔杯。若能会得三龙水，也须龙水荫鱼腮。

结穴有横、有斜、有直之不同也。而皆有天心、十字，至中之位，名之曰金斗口，即葬口也。不同横、斜、直，皆要详看三龙水。后倚其分，而前亲其合。放棺十字之上、斗口之中，令金鱼水滋，荫乎两腮之间，乃为穴之的也。

前亲三龙水，言三水合处，穴必亲之。

三合水图

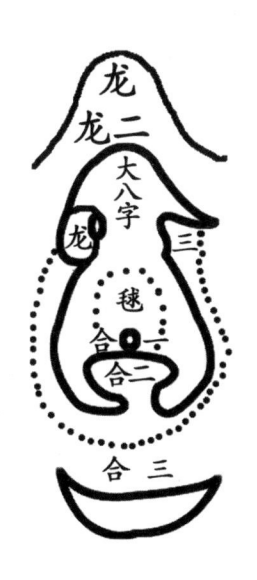

图说

个字毬檐水贴身,荫腮二合浅和深。向座只明三合水,会得此法直千金。

点穴依一合水,浅深依二合水,立向依三合水。

八字之图

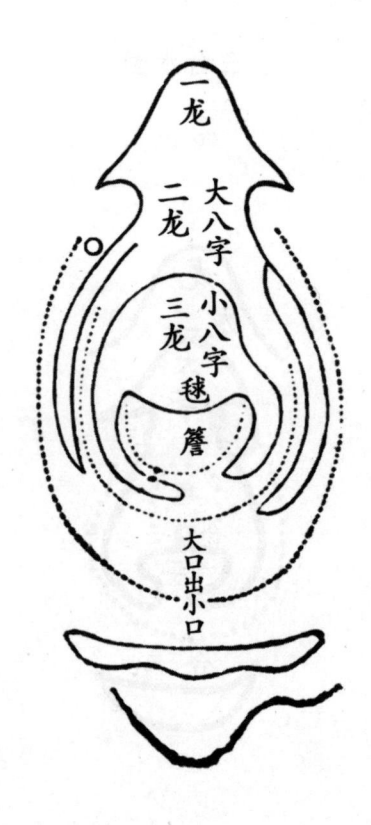

一龙
二龙　大八字
三龙　小八字
　　　毬檐
大口出小口

图说

化生脑盖要分明，八字从来大小生。个字三叉横外气，毡檐切莫要锄深。

立穴先看大八字，下便是小八字。从化生脑，生来即三叉，个字名曰毡檐。开井不可锄深，恐伤龙也。

左右插图

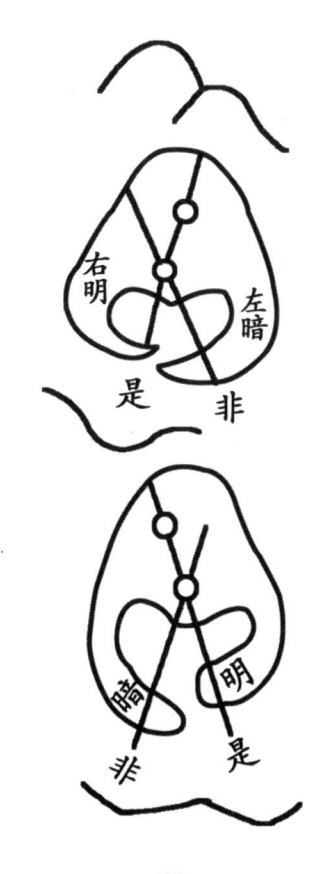

图说

　　左插先到左入手,右插先到右入手。两边无插以何凭,看取到头左右口。

　　左右插,是荫龙贴身砂。明者先到,当迎之;暗者后到,不可迎。若无左右插,可凭便细看。隐然有口,或在左,或在右,当随口为定向。

司馬頭陀論葬

司马头陀论葬

八法总论

求穴之法，龙如此来，脉如此结。其脉有八种：缓、急、硬、软、侧、中、虚、实是也。其穴有八法：盖、黏、倚、撞、饶、折、虚、实是也。

脉缓之图

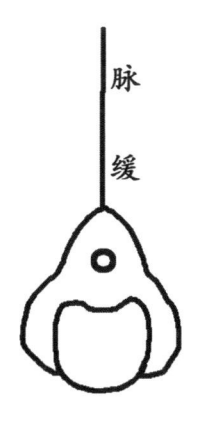

脉缓

图说

脉缓当作盖穴。其脉来处软，曲曲折折而来，半就虚、半就实，如塞桶漏状。其到头略露微窝，入首低，明堂平，两肩微起，切不可绝顶贪前砂，见穴水倾泻。

脉急之图

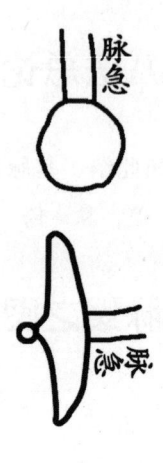

图说

脉急当作粘穴。粘穴谓之草尾。露珠乃真气所聚,硬直长脉宜虚粘,横来急脉宜实粘。切不可安无脉泥水,田坪顽硬突面之间,及无外裹尖杀以误人。

脉硬之图

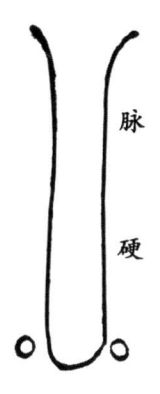

脉硬

图说

脉硬葬倚穴。倚穴谓之南枝。春早如附火趋炎，发极快作处，必有小明堂方是。经云：龙从左来穴在右，只为回来方入手。是脉落在右，故于左倚之。龙从右来穴在左，只为藏形如转磨，是脉落在左，故于右倚之。

脉软之图

图说

　　脉软葬撞穴，结穴处面阔缓平，脊如琴背，法当截来气之稍急处而正撞之。又有边厚、边薄，则当随其厚处，取生旺而干开偏撞。大抵葬撞法，直葬不折，故谓之顺。倒逆裁却，不可以龙不尽为疑。切不可于来脉抽动处作伤脉之穴。又当杀嘴作穴误人。

　　顺即正也，逆即凑入。以其犯上，故谓之逆。凑入是急。

脉侧之图

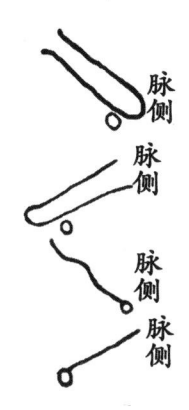

图说

脉侧葬饶穴，饶穴谓之勒马回头。趋生避死，必认来龙不曾转身，气势紧硬，而脉斜侧。合逆倒顺裁，方可避煞。然不可避之太过。其脉转近处，必有自然前后、左右，照应砂水。

逆即斜也，顺即抛出退让也。抛出是缓。

上之顺逆，言邪正也。下之顺逆，言进退也。世人明此旨或鲜矣。此言既出，腾口说者将侈谈也。

脉中之图

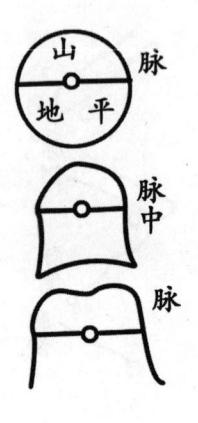

图说

  脉中葬折法，折穴谓之曲水引泉。和针在手折处，故真气于此聚。诸法中独此法变换最多。入首脉沉而不可见，然行干地中山面而不在两角，故谓之脉中。皆宜寻其横折曲处葬之。切不可葬泥水绝处，及龙起伏脉上，当煞以误人。必来龙处不甚起伏，直至入首方顿伏而面平，无脉者方是。

脉虚葬实法

脉虚葬实穴。实穴谓之凿石取玉，开杀求生。龙入首处，抽出正乳或圆珠等。山三面皆虚，只得凿开以就虚取实。取其中之生气，切不可大开深葬，及于无龙突面不开，脚独山及漏脚山，枝之硬块死窝、田内死墩以误人。是必认来龙尖圆起主。盖尖则有乳，穴圆则有窝，穴及两旁有包抱，中出乳头，或左右单提，或太阳金垂，珠掩脐者皆是。

脉实葬虚法

虚穴谓之笼甑炊物，气从下上。龙入首处，或尖、圆、方，皆面平无脉。地下亦平，无脉只有四应包抱，可考其脉藏。地中不起纹路，结穴处平实，故谓之脉实。只得于平地堆土葬之。又有在平田，或水地中平墩者，盖以动静之理言，则水动为阳，山静为阴。以险易之理言，则坦夷为阳，崇峻为阴。以情势之理言，则开耸为阳，局缩为阴。抽袅为阳，硬滞为阴。面豁为阳，背负为阴。其形之止聚也，则必有向背之情，分开合之体。何谓开，窝是也。何谓合，乳是也。盖形开则阳发于外，其气浮，故属阳形。合则阳蓄于内，其气沉，故属阴。阳则浅，以乘之合，以固之阴。则深以取之，辟以通之。夫阳结之属，其形为仰窝，为承掌，为兜凳，为偃箕，为垂坡，为窄钳。如罍之倾，如袂之垂，如月之抱，魄及靥隐，沤浮趺盘、袂敛脉蘸、浅流突临平洋之类。阴结之属，其形为悬囊，为悬钟，为垂乳，为肤偃，为凸萌。如芽凝，如节及、驼峰、鹤顶、龙颡、珠腹、鲇唇、马迹，龟肩、牛项之类，若其落平阳，经旷野，则全属乎阳矣。盖势平流缓，脉浮气浅，有水以止之，无质以类之。其为势也，长若垂虹，摆若走蛇，横若衡平，弯若弓满，飘若丝游，直若弦曳，方如毡铺，圆如荷叶，宛如龙蟠，回如钩曲。其形之敛也，如龟鳖露泥，鱼凫出浪，壳负蜗身，肉垂蚌口，此皆形聚之妙也。若其势趋田畴，行无定踪，落无的脉，则当参其特小、特大之变。又有落平原而有微似仰掌之窝。然外流必交抱，兼有十道可考。虽不见龙脉，意合如此。或有纯阴不变之龙，只得直葬不折。有气却安于无气。龙尽处脱煞虚粘，切不可葬八风吹动及泥水绝穴处。

难解二十四篇

一问：山水向背，乃无情之有情。占穴之大法，欲人无迷。亦有旨乎？

答曰：山以得水为面，故不得水者背也。以秀为面，顽者背也。润为面，枯者背也。明为面，暗者背也。势来者为面，势去者背也。平缓为面，颓陡者背也。得局为面，失局者背也。总之，一方之山川，必有最高大者为之镇焉。是名祖山。其山方，虽八面出，各有枝，然大势所向，其出必多伏而再起，断而再续；则其面必前向水，随之而同趋，气之所钟，形必转顾与水相交。其他从山，势亦趋回。此得水之明验也。势回则石纹必转，石者，山之骨也。故经云：山势原骨，地势原脉。既知原其始，则能要其终。终也者，其面之所存乎。昔人谓天下山山随水走。山向则水向，可不言而悟矣。昔人云：山乘秀气，故以秀为面，秀之一言，其占山之神乎。顾聪明不备，不足以明此；不明乎此，不足以语向背。苟向背无征，难乎，其言微矣。是故向多者，其终必大，背近者，虽得必微。兄弟之国，势足相敌，各为其主，外必互违臣主之分，势必悬殊。若同处一方，则尊卑迥别，虽有其位，情终卫主，势必为用。何则所得多寡，其源元不齐也。山川之性，亦犹是已，明乎。此则真伪辨、小大别、吉凶定矣。

二问：曰龙之去来、断伏多者，世莫能察，时师指说去来不定，欲求画一，安所从求？

答曰：过水者，所以止来龙也。经曰：外气横行，内气止生。气即水也，横行者，言阑止其行也。若夫高山冈阜，叠叠绵亘。虽有闪跌形势不绝者，不待察而知其来止也。至于山冈大断，一伏数十里，近者二三里。或中有掘凿横河，不知审势，即为所惑。来去倒置，其失非细。夫水必从高而下，从分而合，从小而大，从近而远。观其源派，迹其流行，审其入止，则两山之中必有水，两水之中必有山，不辨自明矣。世谓石脉度江河，其说似是而非，不可不察。凡山入水，虽云石脉，必不能透过。过水者，谓从高至低，通流之溪江也。唯湖海势下，形洼为众流所归，漫衍平阔。故山脉从不界处透入，譬夫经脉，各有条理，一身五体，随经而断。其间骨节，各各界开。外看似连，其中实断。故有通溪皆石，水自中流，昧者不知，谓为连属。盖不察其两山皆石，势俱向尽，犬牙相匣，而中有缝罅，轶而不属，故各不相连。观八闽延建之溪，可以自悟。观东西二凉山，可以知长江中流，南北不接。观东西二洞庭，可以知三江所入，总出吴淞。二山中间是界水道，则流深不流浅连近不连远，昭然领会矣。

三问：受气之法，其变有几，求穴之要，莫急于斯。苟昧其旨，厥误甚远。期其弗失，岂有道乎？

答曰：受气大法，其变有五。曰直来横受、横来直受、顺来倒受、斜来正受、正来斜受。五者，阴阳变化自然之道也。循而穷之，虽山川诡异，莫能逃焉。何则直而不横，即是直来直受，气冲脑散，生机不存。横而无直，生气不吐焉。有融结顺来，则水必直趋，脱不倒迎，何以交会，正而闪跌。狠藏入穴为斜，梧桐叶上生偏于也。斜而入穴，列局转正，杨柳枝头出正心也。若斜而无正，正而无斜，则变化不施，木强无情。故必得此，乃可用以合堂气、审局势、收水法、定宾主、辨真伪，此求穴之大旨。搜剔山川之握奇也。不明乎此，穷年卒岁，汗漫无归。长望冈峦心目，俱眩，焉能窥隐测微，得造物自然之情耶。神而明之，非法可尽，况无法乎。谚云：下士偏山走，由昧此尔外。此复有山乘秀气，平乘积气，积者，积厚而为脊也。水乘旺气，石乘杀气等法，亦于前法有补。明者宜并参焉。

四问：水法有宗庙、明堂、黄泉、八杀等种种不同，其道何居？

答曰：水法之妙，郭景纯葬书言之详矣。特时人不谙其旨尔。其意谓凡山结地，必是山势番身，收得一边界水。所谓山水相交，亦名得水。其势必居于前，但有见与不见之异，以其居前，命之曰朱雀。经云：朱雀原于生气者，言界水必从龙发源处起也。气者，水之母。山气盛则水大而长，故曰原于生气。派于未盛者，言水源初分，流既未长，势犹未盛也。潮于太旺者，即廖公所谓水乘旺气也。泽于将衰者，言将出必先汇为泽，则有蓄聚也。流于囚谢、以返不绝者，言水去处欲其细小，似乎囚谢亦复却顾而不绝，所以状之也。法每一折潴而后泄者，言欲其曲折渊停，不欲其直泻速去也。洋洋悠悠、顾我欲留者，言其于穴留恋有情也。其来无源、其去无流者，言来远莫知其源，去曲不见其流也。此章通篇俱论水之形势情性，何尝有方位之说。术家懵于至理，妄以长生、沐浴、临官、帝旺等神煞吉凶配之，遂使吉者不葬，葬者不吉。惑世诬民，莫此为甚。今以水之宜忌，具详于左。凡水抱不欲裹，朝不欲冲，横不欲反，远不欲小，近不欲割，大不欲荡，高不欲跌，低不欲扑，众不欲分，对不欲斜，来不欲射，去不欲速，合此者吉，反此者凶。明乎此则，水之利害昭昭矣。然术家不欲用此法卜葬者，其蔽有二，一为父师沿袭已久，非有上智，安能破俗，失在不明。一为以此卜地，非真不合，得失易明，莫可饰伪，利葬家不利术者，同巧相倾，难于诡异，固执其说而不变，弊在挟诈。然使其言得售者，葬家成之也。夫吉凶祸福，人所时有。多言凶祸以杂之，必有偶中。多言福应以神之，亦必有偶中。世徒见其偶中也。遂曰是何神钦。人情狃于祸福，以此相传，莫之或违已愚。故曰葬家成之也。

五问：寻龙望势审穴之法，何者最要？

答曰：先看祖宗尊特高大，次察众中何条先断。断处中出，夹从周密，即是正龙。正龙到头，止是一穴。行度分枝，所结必多。纵龙脉不长，亦主秀旺。盖龙气本贵，譬诸王侯，支子犹不失安富尊荣。术家谓起家须用好公婆，正此义尔。凡龙行走，远者数百里，近者数十里，大势必随水走，一逢过峡跌断，忽然番身收住前边界水，列成局势，或逆或横，上砂转下，下砂转上，其中决然结穴矣。便须著眼用心检点。凡大龙气盛，四时多有云气覆其顶。大山顶上有湖，池泉清冽，大旱不涸，俗名养荫，此气盛所致。气者、水之母，有气斯有水，观水深浅，可以卜气盛衰矣。寻龙望势定穴，宜登一方最高处。先从局外审察，次向对面注视，次向左右睨视，却再回有情处细察微茫，必无失也。凡审穴，贵详贵缓，当俟草枯木落时。昔人先以火燎草，而后登山，甚为有法。雨中可以审其微茫界合，晴天可以察其气色脉理，雪中可以验其所积厚薄，则知阳气所聚。昔人谓三年求地，十年定穴。慎之也。

六问：水有大小，复有前后远近，纵横亦经左右，山冈匪齐，交错而流,倏去忽来,孰得而有明,知其得何为法式。俾迷谬者觉,混滥者分,遵为道耶?

答曰:用水之道,以龙为准。凡山冈大势,必有分合聚会。夫分既因水而界,合亦因水而聚。故山行千里,两水随之。亦复千里转顾而交,遂成局势。前界先收,后亦随会。所以然者,罗城展布,缠护俱至,山回水聚,自然俱收。阴阳相敌匹配,以类故也。此言专龙之局四方八面,水咸为用者尔。若夫山行百里,与水一交,前后护缠,自然会合。则所收之水亦止百里,以自此后,山水再分,或远或近,各成会合,用水多寡,局势小大,亦必因之。原其去住,定其短长,要以前砂已反,后山复背。约其分疆,则水之为用不为用,纤悉皎然矣。唯主,故专一而尊,则远近皆归。唯从,则所收一面,仅止共身。譬夫长江万里,南龙东奔,每一转折,便成分合。大则省会,小则郡邑。靡不然者,是各因其山自收,所分之水,长江所界之力,亦必因其分界,以为护缠。其间轻重在乎山势之大小长短,江水之力,亦因之而尽。试观金陵为南龙,大尽水口,关锁尽于圌山,而前砂则自采石以南,皆反上而不顾。然亦无害。其为南都者,以山水俱尽故也。苟能明此,推之近小,复何微而不得哉。昧者弗思,配合乱指,山冈妄贪朝水,违厥性情,非其配偶而误当之,则祸败立见。昔人谓支龙不纳干龙水,有以夫。

七问:九星九变,及诸家龙法之异,何者至当?

答曰:山川之状,不出五行。体多相杂,故设九星。其状万有,故立九变。究其大略,五星尽之矣。若言其变,即九九之数,亦何能穷。总在心目之巧,非名言可尽也。予见术者论星峦,多以贪狼为金,又以献天金为贪狼,又以泛水木为水星,论形一差,定穴必误。欲知其真当辨,手脚不可不察也。至于穿落传变、玉髓经专,以相生为顺。然金得火、木得金,不相克而相为用者亦多矣。乃知其言之不足征也。何则穿言其始,出帐是已。落言其终,入穴是已。传变,即中间行度之变也。要之山川本乎一气。气有变化,则精微始著。故假五星虚号,以纪其圆、直、曲、尖、方之变体尔。岂真有所谓五行生克之说哉。刚柔情性之外,无复他道。唯达微者,能通其变。

八问:理气方位、天星宫位、应验之说,果有之邪?抑不足凭也?

答曰，易曰，仰以观于天文，俯以察于地理。言理者条理也，即文理脉络之理也。察其条理，则知中边、向背、精粗、大小、于以建邦立国、安处万民、此圣王之能事也。气者形之微，形者气之著。气隐而难知，形显而易见。经曰：地有吉气，土随而起，化形之著于外者也。气吉形必秀润，特达、端庄。气凶形必粗顽，欹斜、破碎。以验气，气何能逃。岂若术家之泥理，气为吉凶者乎。经曰：占山之法势为难，形次之，方又次之，此方位之始也。今之针盘，即指南车土圭遗制也。圣人立法，教人辨方，俾万方之民不迷所向而已，曷尝有吉凶哉。葬家亦用以占山者，盖欲原其所始，乘其所止也。譬夫山冈发源于坤申。左出者，委蛇至亥，自亥历艮。右出者，委蛇至艮，自艮历亥。则山势大转皆可收。一边界水，即是山水相交。必有融结，言坤申所以纪西南，言亥艮所以纪西北、东北也。百里占山，已非一目可尽，况数百里乎。以此而求，亦占山之一法，故曰又次。今术家舍形势而言方位，固已失之。又迷方位，而论吉凶，其谬益甚。以针盘分金立向者，盖审定主宾，不使差失，恐放棺处稍偏一线，则远处差多，宾主不对矣。此朝迎之法，实乘气自然之向也。故用分金以纪所向之山水尔。设若合向此而误向彼，则所对非所朝，失乘气、失堂局、失宾主、故其应有差殊，非谓吉凶在分金也。乃至天星之说，世多知其迂远。据其所论星垣，必是冀州、关中、燕都、西洛，始合垣局，杭州已多不足，况其他州郡邪？审如是，非都会山陵鲜有合者。今术家不过为民间卜葬卜宅，安用此为哉，不必究其是非可也。若夫宫位之验，有不尽然。世固有无龙而发长，少虎而发幼。譬夫树树，植之沃土，后必荣茂；树之硗瘠，多不发生。此理势必然者。总之，得气则发。然必欲以理推其某枝得吉气应茂，某枝得凶气应枯，则不然矣。果若此，又安得谓之造物哉。所谓一株树上有荣枯是也。愚谓但当辨地真伪吉凶，不当预忧其发福偏颇。天道幽远而茫昧，苟尽人事安之而已。已上四端，术家舍是无以操罔人之术，故世守其说而不变，然不自知其言之离经叛道也。嗟乎！焉有事不师古、义不宗经、而不诡于正者邪。夫葬以安死，必诚必信。慎择吉壤以藏体魄，弗使风、水、蚁三害侵之，其义备矣。河南程氏曰：地之美者亡灵安。夫亡灵安，所生亦安。一气流通，死生靡间，理固然也。今人狃于祸福，惑于术者，动言生人休咎，甚至累代不葬，暴露无休，陷人于不孝，则任术之过也。矧祸福本乎前定，吉凶唯人自召，岂尽关朽骨哉。与其因地以徼福，孰若安亲以听天之为愈乎？

九问：山冈万派、地脉枝分，众势之中一方之内，何以别其砂龙邪？

答曰：经云众大特小，众小特大。唯特，故乃可以别主从。凡山冈发足，或特高耸，或特阔厚，或特润秀，或特短缩，或特绵长，或特出面成体，或特委曲活动，或特端坐合局，或众水特皆聚会。总之，用人而不用于人。多断而精彩强健，抛闪而踪迹诡异，正出而夹从周密，虽长而缠护必到。如此者，则非砂也。宜用意审察，必有奇特异于诸山。苟寓目焉，当自有省。故知观龙之法，其重在特。经曰：参形杂势，主客同情所不葬也。斯言有由矣。砂龙之别，不既明乎。

十问：验石纹转不转法。

答曰：经曰山势原骨。石者，山之骨也。骨节必有向背，气亦因之而行。知向背，则去来逆顺、洞然自明矣。凡入穴，必是两边石纹通转，向里则真气凝结无疑。察山去住，亦必用此法。唯有正脉包裹转里、曜气反张，石纹似去而外势通转，包住曜气，却是大地，不可以曜气石纹为疑。此求穴之要法也，宜精察之。又有山将转身，石纹暂拐向后，而大势向前，则当以大势为主。又凡山形止势聚，情意以钟三分三合，明堂得真三阳，登对砂水俱称，只察寻丈之间。方审石纹，或面上无石，开穴始见，其纹或窝、或口、或丫、或钳、或圈、或是人字，皆可随形证穴。穴中土色必鲜润、坚细方真。若不审势的确，漫指石纹，谓为真穴，误者多矣。不可不察。捻之成丸者，是土撒开者，非也。若先拈之成丸，后来渐不可丸者，是真土已尽，而及金银炉底也。名曰穿穴，急填起二三寸。

十一问：上下砂重轻，及水去风来之旨何在？

答曰：凡大龙正结，多是上砂反重。盖来龙处枝脚必多，前去逆转者必少，势使然也。要以大势与石纹裹转，便真若水之去。必是无砂包裹关阑。无包裹关阑，则风吹必矣。水来风去，不言可知。昔人云：劝君莫下去水地，盖深戒之也。又有枝龙结地，必要上砂，一臂包回遮得，穴中不见正龙背处方真，非此决然不结。是知枝龙无上砂不真，干龙无下砂不住。

十二问：审其所废，及障空补阙之说，何者轻重？

答曰：审废者，言昔完而今伤，非生成欠阙，此在山水俱有之。昔人谓伤穴可葬，伤龙不可葬。既知其废可补完者，则完之以复其旧。譬如肉伤，可以傅药使合，骨断则不可复矣。障空补阙，只可施之砂水，及水口或加培补，或植林木。若夫龙穴，则皆天然一定而不可移者，譬夫人焉，肥者不可使瘠，瘠者不可使肥，昂者不可使俛，跛者不可使伸，势使然也。世有形体亏欠而贵为卿相者多矣。状貌姝好而不过常人者亦多矣。以此而推，当辨真伪，不当论完缺。尘埃中识宰相用是道也。

十三问：喝形亦于理有合否？

答曰：形者体貌也。山川之状容，或有类一物者。然此乃千万中一遇也，岂可为准邪。予窃观诸家喝形，盖欲寓理寄法，俾人易晓尔。岂知沿久而滥流于鄙陋，遂令末俗顿忘其本。尝见直隶、两浙、江右名墓，求其形似，往往不类，审其穴法，则与古合。乃知葬贵合法，不贵合形。今人但知论形，不知葬法，误矣。

十四问：双圹乘气之法所宜？

答曰：合葬自周公以来，未之或改。但论乘气之法，必以一棺正受生气，一棺祔之可也。阴气之行乎地中，止是一线，若两圹并置，中虚尺余，生气之入，反居空处，则父母俱不得气矣。不可不察。

十五问：催官之理，果有之乎？

答曰：此人事偶合，术者因而神其说尔。诗不云乎，唯岳降神，生甫及申，则骨骸得气，所生受荫，乃川岳降灵，故产英杰。若其人已生，则所禀非此山川之灵气矣。安能变愚为智，化贱为贵邪。葬家谓祖荫孙，其言近之。

十六问：葬者大事也。学必有源，宗必有经，世之所传，其说不一。图书甚广，何者为要？

答曰：狐首青乌等经，其来旧矣。莫知为何代书契，相传既久，讹舛多途。郭氏诸公所著葬书，皆本其旨，然去今稍近，其文全，其义备，虽圣人复起，不可改已。杨、曾、廖三家，言虽粗浅，亦皆法度所存，切于实用，舍之无以入门。故当断自郭景纯葬经、杨氏疑龙经、撼龙经、怀玉经为宗，参合泄天机，相山骨髓，以备作法。此外多伪书，引用错杂，醇漓相混，不可为后学程式矣。近代如长乐谢观察所著堪舆管见，雩都李中丞重刻囊金，其法甚正，惜乎未全，伤于太简，不能究极其微。然图书所载法度尔，大匠能与人规矩，不能使人巧。倘心目不明，图书虽多，亦奚以为。

十七问：山谷中与出洋地不同，何以取裁？

答曰：山谷中结穴，先须本体秀嫩，四围罗城周密。近身一层包裹，通要秀润。外面一层粗一层，近内一层嫩一层。中间堂局要宽大，方是山中结作之法。故曰山乘秀气，又曰高山难得者明堂。是知秀可乘、堂可向，则真气融聚无疑矣。若出洋地不然，穿田大断，脱卸原多，其秀嫩不待言矣。但有穴情，乘气得宜，水城不反，无不发者。

十八问：仰观俯察至道存焉，世说纷纭靡所底，止欲探其要，合有存乎？

答曰：斯旨之精，世所难晓。然巧非天授，学鲜通微，徒徇俗术，昧于大道，无惑乎山川之性，不可得而知也。昔人谓有人识得明堂法，五百年中一间生。叹真师不易产也。夫山川不言，其情自见。苟遇明者，安所遁情哉。然以参天两地之学付之齐民，而欲责其探赜索隐，惑亦甚矣。幸而中，则张其能；不幸而左，则标其失。是诚贤不肖混淆，而徒取验一时之吉凶也。其于察地之道，顾不悖欤。吾故愿海内之论葬者，必先择师。择师之要，当以心识开通，瞻视明远。知微知著，不遗诡怪。知衰知旺，不惑祸福。洞识山川之情，弗徇时俗之论，超乎常格，迥迈寰中者，始可以言师矣。予尝见士友，往往以齐民蓄术者，术者亦自安于齐民。唯衣食自求，不顾其说之纰缪，讵非胥失之乎？且也，群术相聚，言若河汉，矜夸罔物，至厌听闻，每叹管、郭、曾、杨，异世同趣。今之术者，同堂异论，递相非毁，类成聚讼。俾葬家无所取裁，至经年不决，良可恨也。是以葬家当先择师，不当择地；得师则得地矣，此盖人事也。至于得与不得，各有前缘。亡灵、气连、山川三者之缘，会则得，否则不得。求之有道，尽吾心焉尔。

十九问：覆视旧墓，定知吉凶，果与占山之法合乎否也？

答曰：覆视旧墓，原与占山一体。当先看来龙，次察穴法，次察堂局，三者俱合，则为福荫所基无疑。不尔发福，非由此也。然此其大略尔。若口鼻开破，微茫已失，葬非一穴，则寻丈间进退左右，难可辨别。

世俗不察，以此验之于师，是以有合有不合，此赖布衣所以失程丞相祖墓也。且夫察冢中休咎，断生人祸福，唯在形穴真伪，气色枯润辨之而已。乃若冢中分金，葬时年月，讵可得而知邪。昔人谓善断者不必善葬。诚有鉴于斯乎。复有无欲至人，虚明灵照，悬知吉凶，验若符契，此道通神通之谓也。外此皆术数之学，有所凭依，吉凶虽验，非占山卜葬之法矣。唯高明者，幸无惑焉。

二十问：阴阳宅兆，何以别之？风气所钟，同乎否邪？

答曰：来龙大势，亦与阴穴不殊。唯是到头形体格局者异尔。夫阳舒阴敛，自然之道也。故曰阳来一片，阴来一线。阴非一线不敛，阳非一片不舒。是以阳基入首，与阴穴殊形。阴穴多取格局紧拱，入首处专以细巧为合法。阳基则不然，所重在局势宽大，落气隆厚，水城汪洋，或环抱、或倒合。或朝来绕，后来悠扬去。湾曲缠护，多在隔水。水口常在数十里外，大者在二三百里外。审其融结，其法大率有二：一曰倒影，二曰冈阜。倒影者，到头五星中一星出面，合格面上一片铺出，中间无小水界破，渐铺渐平，渐高渐阔，缠龙二水，夹之同行。到结局处，非横则逆，众水不拘远近，尽为我用。此都会结法也。冈阜者，到头一星出面，合格面上逐条抽出，乎冈委蛇行走，便成冈阜之体，几条合聚一处，虽渐平阔，中间各条自有小水界开，终不似倒影一片铺成也。其局势水法大小一义，片龙收拾尔。唯番身逆势、及脱龙就局者，多是坐虚向实，背后反宽。时师不识，辄以为嫌，不知水缠元武，何殊到堂，既为我用，岂分前后。小则歙县溪南吴氏，吉水桑园周氏之居，大则荆州吴都，皆前山后水，坐虚向实，即其格也。观此可以悟矣。大都阴之所钟，本乎一线，其气不可以普被阳之所萃，盖乎一方，其气冲融，故能小大涵濡，群物蒙化，毓秀于人，其何不则乎。是知阴阳之精，其凝一也。贤才之产，有风气焉。

二十一问：杨公云："行到平洋莫问踪，但看水绕是真龙。"则平洋果不问其所从来邪，抑亦不可辨邪？

答曰：是亦杨公不得已之言也。所谓方便语尔。盖平洋阔衍，去山冈甚远，穿田度水，断伏已多，众水交流，平夷如掌，世鲜法眼，何能辨之。故云但看水绕。夫水不自缠，因砂故缠，砂水相缠，主从辨矣。此又方便中微旨也。欲穷其所自，亦自有法。姑以东南水乡平地论之，其法自见。三吴之平，莫过于苏、松、嘉、湖、常之五府，嘉兴、松江之龙派，自西目分于杭之凤凰山，循江东北委蛇而逝，高亭忽峙入于海宁、海盐，稍中行者，崇德、桐乡、嘉兴、秀水、嘉善、平湖、松江，而尽于西佘等九峰，为大泖所界。其稍外者，自上海至吴淞江口而止。外则遵海以西，内则苕水以东诸郡邑，皆西目分核所结也。湖州之龙派，自东目为临安、为余杭、分安吉、涉武康、经归安、止乌程、雪水界焉。盖苕之西，雪之东，东目之尽也。雪水之西，漏湖之东，隶浙西者，为孝丰，为长兴。隶直隶者，为广德、为宜兴，宜兴正尽于离墨、长兴，大尽于弁山，皆南干分枝。故其种尊贵，虽为关峡收水，亦自耸拔，异于诸山。常州之龙，派于京口，连乎丹阳，高原冈阜，隐隐隆隆，是为毗陵，与晋陵相属。夫椒锡山，皆其枝分，自晋陵循太湖向东南行，可六十里，许洋山在焉，方广四十五里，至天平山向东，稍南行，断伏超金山，金山出狮山，狮山出索山。自兹而东皆平原，亦几三十里，会为吴都。都城方广，与洋山准。相传为子胥所十理，或然也。丹阳与武进之交，滨江复分一枝，至江阴循江而东，稍南虞山在焉。是为常熟。北则大江，南则昆湖，中间一脉绵亘，东南为昆山县，东为嘉定、太仓、亦抵吴淞江口而尽，一自西北，一自东南，势若玦环，交抱于东北，为三江所出之口，中间众水聚于具区，为江东蓄气，此一方大势也。若知诸水所界，便知地脉所止，则枝干之小大，得水之多寡，局势之阔狭，皆可得而明焉。其中虽小有分派，可以势求，可以情得，不至大相径庭矣。

二十二问：平洋亦论藏聚否？

答曰：安得不论藏聚。凡大江大湖结穴者，要以不见江湖为贵。故曰大水之中寻小水，正欲其藏聚尔。盖大水之中复有小水者，是有层层之砂缠护故。有层层小水围绕大水，方无扑面荡胸割脚之患。唯阳地大龙，结作不同阴宅，多有直临大水者，盖阳基欲其铺尽，龙大力长势足，与水相称故也。然两边贴身，亦必有小水界开，后面过咽束气，要明白清秀，龙方不顽，方是真大平洋。阳基结法，若阴穴却无此格，间有见者，亦是龙势庞厚，前砂远拱。或穴前余气去，得长支开大水，望之只见一线湾环，有情方佳。反此者必败。

二十三问：平洋何以辨其大小？

答曰：凡平洋有脊，势可原者，即可寻其来历。复以两边大界水相去阔狭证之，其大小立见。唯去冈原远甚，众水交流平薄处，无脊势可原者，只以众水到堂，或数河水聚会，或通缠其后，来大去小，是谓平地难得者水口。总之皆大局也。

二十四问：平洋何以辨其真伪？

答曰：廖公云平乘积积者，脊也。盖言气积而厚也。气，此验平洋带冈阜法也。杨氏云但看水绕。此验水乡平薄处，专论水局之法也。带冈阜者，须要过咽束气，方见脉真。落穴处定须开口。昔人谓平地不开口，神仙难下手。盖开口，方有真明堂，则真气方住。若在水乡平田，专以隔水，田丘形势，照应夹拱，有情为准。要以来大去小，面前不见大水为佳。纵见亦是一线，立穴必当培土成坟，不宜穴土为葬。如是，方不舛错。

广吉凶论

葬埋之道，其始于中古乎。上世之人，委形顺化其生也。寄其死也，归情念靡留，安事遗蜕，中古圣人因人。情之渐殖，虑其终之必漓。乃启以孝慈，导以厚亡，始有不忍其亲，以掩其体者。先王因之制礼，慎终送死，以垂后世，俾人尽其心，靡有遗憾。后之君子，推广此心，冀其不朽，则又择吉壤而藏之矣。乃今不然，谓寿夭贵贱，动关乎葬子孙世及，靡不由之。人情患得于斯，愈胶。忘前圣之意，忽先王之礼，惑术士之口，矫哲人之论。妄意祸福，皆由亲骨，时日不利，或生咎殃，遂使淹延，累世掩骼，何时水火蚁蝮，皆所不免。或经兵燹，焚弃无余，嗟乎。何朽骨之不幸而蒙兹多厄邪。予伤世俗之暗，因著论以明之。夫吉凶本乎因缘，因缘缘乎当念，贯通三世，大业由生，恒人懵之，智者了焉。故修德而被祸患，悖道而享康乐者，宿业所感也。君子修之吉，小人悖之凶者。善恶由于一念，主之者我也。斯二者，统三世而言者也。理既幽微，义难卒悟，世俗之论，未达本源，术士之言，祗腾口说，刿古人远矣。人情安于浅近，无惑乎高明之旨，不足以语中庸也夫。然而葬有正义，卜有正法，故枯燥而露，蚁必侵焉。阴劲而沉，水必生焉。水倾卫缺，风必射焉。气之所去，骨必毁焉。葬道无他，免斯而已。是以善葬者察山川之交会，占生气之所钟，纳骨其间，俾前后左右，兼以浅深，不失尺寸，则魄得所藏。违乎三害，孝子仁人之用心，斯亦至矣，蔑以加矣。宁暇冀其福荫及人哉。说者谓亲魄既安，所生因之，理固或然。事非尽谬，第俗情莫解，祸福纷纭。拘忌多途，咸责朽骨，不亦舛乎。何者盛德之至，莫过唐虞，而其后不继，三仁一也。而比干独死，颜渊庶圣，寿止三旬。东陵大盗，享有黄耇。如斯之类，难可枚举。更陈往事，益有明征。若夫景纯，善于占山，身被刑戮。杨公精于卜葬，后嗣无闻。揆诸前说，则往因现业，自可悬知。乃至阴阳之不经，弥滋谬悠之诡说，挠作甲子，本为投时。后世迷之，乃流于鬼神。试观三代，迄乎本朝，帝王之葬，皆由制典；诸侯之礼，不过五月。自天子至于诸侯，葬未有逾期年者矣。岂其方之必吉，年之必利欤。何历数之绵长也。明哲之士，鉴远烛微，凭乎大道。远观三世，近会三缘。安吉凶于前定，徇义命于将来。则动无不吉，举胥中道矣。苟澄心以思之，管窥之徒，安所置喙，拘挛之见，其少苏乎。世徒见夫相冢占山，盛衰多符，岂知缘会，而有吉凶，斯契非察地之权衡，当别论也。

占山统论

占山之道无他，唯以山水向背求之而已。是故山川大交则大结，小交则小结，不交则不结。山与水，相得则交，不相得则涣。天下大龙，都随水走，至于将结，必然逆转，列成局势，则结地无疑。地理之所以重逆者，以其逆则交也。杨公云：杨公养老看雌雄，天下诸书对不同。阳从左边团团转，阴从右路转相逢者，是杨公垂老之言也。其意盖指山为阴，水为阳，阳若左转，阴必右回，如是则山水觌面相交，必然结穴，不必登涉，可以坐照。是占山之捷法也。故云养老诀乃今时师，则以净阴净阳之说，谓是阳龙阳向水流阳，阴龙阴向水流阴，合以穿山虎透地龙之说，岂之误哉。要之，地理祇有水、土二行，与金、木、火三行无与。必欲牵合附会，以论生克、吉凶、贵贱、谬之甚矣。即杨公所论五星及九星，亦是不得已之说。正以山川状貌难齐，有如人面。要之不出尖、圆、曲、直、方、凹等体，言火所以纪尖，山也。言金所以纪圆，山也。言水所以纪曲，动而波之山也。言木所以纪直，而耸之山也。言土所以纪方，及凹之山也。如得其旨，则五行生克之谈可不辨而知其非矣。唯交之一说，谈易而会难。盖穴前一合，是蝉翼与小水小水即微茫水也交也。第二合是龙虎内水与龙虎交也，第三合是龙虎外左右二砂交也。此即向之所在也。过此以往，则自内及外，自近及远，乃至罗城。与送龙大水相交，是则交之大者，此干龙之局也，明乎。此则分枝擘，脉举自易穷，界限既分，适千里而无惑矣。

楊筠松十二杖法

杨筠松十二杖法

顺 杖

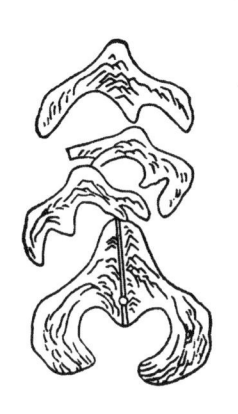

图说

顺者，顺乘乎本山之来脉而受穴者也。必其后龙已经剥换，脱杀得尽。及至将入首处，不强不弱，不必饶减，微微一脉，迤递而来，无直冲剑脊。细看则其来实清奇而真正，远视则其脉若散漫而难收。在穴场视之，则见穿心对顶，朝案端正，龙虎和平，堂水中聚，分合清切，球檐界限，证佐分明，唇脐端圆，正接来脉。而下及登其结作之顶，则细嫩曲屈之元折出，起伏顿跌横飞直冲。局若对顶而实不对顶，脉若穿心而实不穿心。或阳来而阴结，或阴来而阳结；无直来直受之疵。然两边夹辅之水，均之欲其正聚于内外之堂，虽或倒左倒右，终正聚而中出也。大低作法多盖、撞、吞、沉四法。结此顺局，必后龙力量厚重，结王侯状元极贵之穴，顺杖方发福也。否则，龙体贱微，则顺杖顺局端不发福。故顺之诀不在于局，而在于龙也。

逆 杖

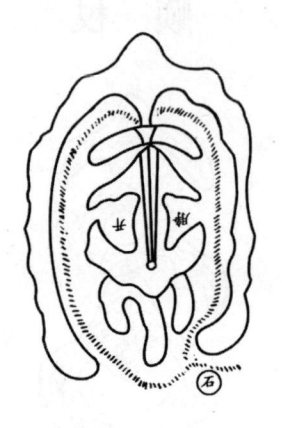

图说

逆者,逆接乎本山之来脉而倒受穴者也。必须祖宗高耸清秀,落脉细嫩,如蛛丝灰线,顿跌起伏转折而来降。体无脊石,不点驳,无枝脚,冲射两旁,开睁而不凌压。行龙虽有起伏顿跌转折,无冲霄插汉之峰峦,直至结穴之处,则特起星峰朝山。虽系祖宗,而对峙之间俨若宾主之相称。虽曰祖,不厌高,亦不欲其逼近压冢。愈远而愈秀,至近亦须有百步之隔。远则高峰无害,近则不可使强于主也。然倒骑逆受之穴,多阴发而阳行,弱来而强结。大抵作粘、并、斜、钩四法,天罡石前不可撞受,只可循脉将尽处,稍离数尺逆受其气。立穴犹当审其前果有来、后果无去,两边桡棹。来者果向前而不刺穴,往者果向前而不牵泄。后穴鬼撑,不宜十分太长,多则不过三、五、六节。只宜直尖而平伏,不许其少有结作、以分泄其气。张其来山,会其来水,此逆杖之大约也。发福极远,力量极重。

缩 杖

图说

　　缩者，气聚于山之顶中来而缩受穴也。必须四势高应，明堂远聚，爱遥山之耸秀、喜远水之生光者也。贴近之水不忌直跌，所谓上聚穴也。乃上聚而下散，气钟顶脑。四伴山峦俱高峻而环合，虽藏牙缩爪而杀气尽无。苟不察来长止短之脉，而在低处求穴，则四山高压、鲜有不绝者。故四山若高卫，则气必不下行；气不下行，则必上聚；气既上聚，则穴必在百会、囟门之间；穴在百会、囟门之间，则诸煞自然低伏；穴高而诸煞咸伏，是煞伏而化为权矣。然既化为权，即所谓强将手下无弱兵矣。故凡天穴而其下，或有石爪交牙，乌石岩岩，如枪如剑，如戈如戟等形，蹲踞于下，则愈显得上穴之力量，尚有何煞之可畏耶？此则强来而强受。大抵作盖、吞二法，当寻其太极生成之窝。受穴最怕风吹，又怕前面官。星太长，至长不过二、三节。亦不许见其尖嘴如舌之状，而憎人口舌也，概取其不见为美。

缀 杖

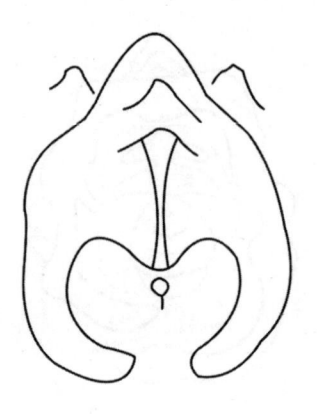

图说

缀者，如线缀衣缝、缀联其穴于脉也。盖缀杖似易而实难，何则？龙势雄急，落脉强健，结穴最低。就龙脉将尽未尽之处立穴，高一寸则伤龙，低一寸则脱气，务宜详审其欲离未离之势，杀脱而气和。龙体虽急，而穴中终不觉其威猛；穴场虽低，而局势终不觉其沉陷。对顶乘气，不饶不借，不偏不倚，不高不低，不深不浅，在缓急相乘之间，缀穴于脉，方为合法，大低多粘、坠二作法。然缀杖之法有二，有实缀，有虚缀。其来脉虽系刚急，至脉尽处微有化生脑者，则辏入球檐二三寸，粘脉立穴，此实缀也。其降脉雄急，一气行落，不起化生脑，虾须不生，八字不分，只有金鱼荫腮，所来气尚未舒缓；又须脱得杀尽，离球一二尺，使杀脱而气和，方才立穴，此虚缀也。夫缀杖之法，多用于顺局。乃先受堂气而后乘龙气者也，最怕水跌，故龙真局完，方用缀杖。

开 杖

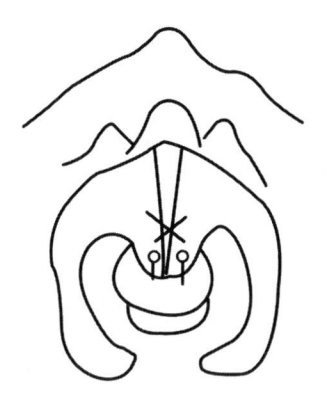

图说

开者，龙势直冲当头，有杀对顶，中分其脉，两边受穴，分开一脉而作两穴，脱中杀而傍脉倚穴者也。盖开杖之法最难。当脉则冲煞而速祸，脱脉则无气而防绝。故分开两旁，收其左右相顾之意，倚其中抽平分之势。翕其应乐，纳其堂食，循脉雄强将弱之处裁穴，方为合式。必须穿心出帐，直来直受，正向正坐，不畏直硬。但傍城借主，或饶或减，或虚或实，皆随局裁成，而不使其毫厘之间隔者，此正开也。又有一等结作，来势雄急相同，但应乐、堂气、砂水、朝案俱聚归一边。聚归左则倚左立穴，聚归右则倚右立穴，其不敢当脉之中而受穴则一也。大抵多倚、挨、并三作法，杀气在中，不可轻犯；面前沙嘴，不宜直长。尖闪唇脐，务宜横阔。堂水不拘来去横过，但只见其聚、不见其直泄即可，何则？盖龙雄气盛，所以中脉不敢受穴。斯则借脉立穴，发达甚速，力量亦重，故曰"直冲中煞不堪扦，堂气归随在两边。依脉稍离二三尺，法中开杖最精元，"即开杖。

穿 杖

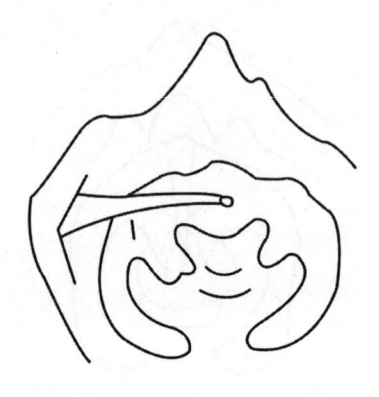

图说

穿者，脉自旁来而正面结局，如线穿针眼。如柯斗斧眼，气从腰入而成穴者也。必须来龙长远，直来横结，或横来直结；正来斜结，或斜来正结；至此再不分枝分擘，龙尽气钟，乘脉寻穴，不用饶减，不可脑受，又不可耳受，以腰受脉正立穴而傍受气者，其穿杖之体段方真。又当详察四顾之情何如。耳入穴之处，果前有朝案、后有托乐，左有青龙、右有白虎，明堂兜襟，虾须蟹眼，蝉翼金鱼，件件合式，俨若出帐对顶结作一般，力量才重。如或面有前朝而背无后乐，或后有应乐而前无案朝；或脉自左来而右砂不转，脉从右来而左砂不紧，此必奴龙也。甚弗强于裁剪，而曰此宜穿杖也。遂借口讹扦，以至误人，慎之。大抵多插、撞、盖三作法何则？脉既横来，无有杀气，亦无天罡，缓急随势而受穿，得脉著即已，复何难焉？

离 杖

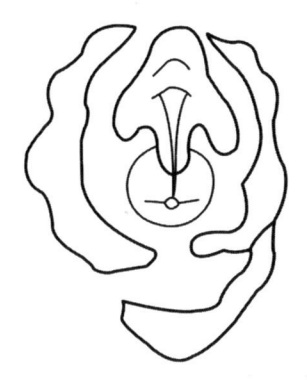

图说

离者，脱离本山之来脉而受穴者也。盖离杖之结作甚巧。人见其坦缓平夷，以龙至弱也，殊不知似弱而实刚。何则？成龙之山必顿跌起伏，或大顿而小跌，小顿而大跌；或大起而小伏，或小起而大伏；或小顿小跌而大伏，或大顿大跌而小伏；或大顿大跌，至将结作处，如蚕蛾之脱茧，如蛇蝉之脱壳，形体虽在而生气别脱出外矣。凡黄蛇吐气、美女铺毡、仙人弈棋、丹凤衔书、贵人用印、猿猴捕影、灵龟照子、将军打弹、狮子戏球等形，与夫过水重兴营寨者，皆脱离本山之形而就气立穴者也，皆大顿大跌、小顿小跌而微起者也。人孰不曰柔弱而迟缓也？岂知顿后所伏之气，至此方起，特由剥换中出来，但无杀耳。其方起之势，殆犹火之始燃者，气之盛为何如？必须后龙俱是行体未经劫泄，砂水不少停，无可立穴处；直至穴场，方才集聚于平坦微突处，离祖作穴者，此离杖也。大抵多用盖、并、坠三作法，当急受。此地甚大，力量长远，主富贵悠久。

没 杖

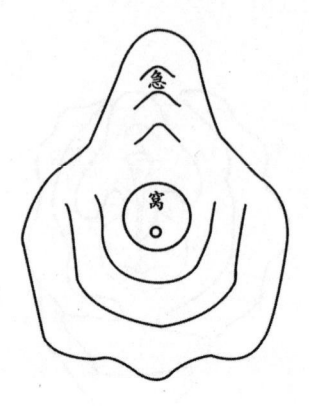

图说

没者，本山阴来阳结、急落开窝、窝中立穴者，入首潜伏其气，沉于窝底，杖亦没于窝底深，乘乎本山之来脉而受穴也。盖龙势雄急，一向阴健；又或穿心出帐，自离祖而来，直行至此方剥出阳来，杀气未除阴，若不开窝，谓之独阴。不生断不可用若后龙虽系刚急，而至此则盘旋均停，隐然如螺旋乌窝、金盆油盏之类，中心低而四旁高。或如侧盆侧盏之属，自然有一种藏风聚气之象，此阳结也。则因势开凿，至乘气处，规矩准绳自与杖法相契，如杖之没于泥底也。故曰：没杖不忌高昂，但求穴上不见巉岩破碎而已。或十步、二十步、三十步之外，或在身下，虽如枪，如刀，如戈戟列于左右前后，只要不射刺穴场，愈增福力，故一窝能藏百煞。虽或有出不尽之杀，穴高则请杀咸化权而拱福矣。大抵多撞、插、吞、沉、架五作法何也？咏既深沉而来，则穴必深藏而受。又因其窝之大小而施夫裁成之工。不可一概以为没杖气必沉也，而必深受穴焉。如窝小则当少加开凿，而因势乘气立穴也。

对 杖

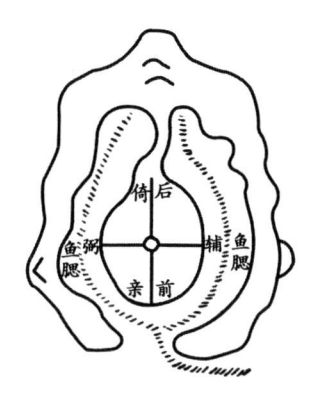

图说

对者，杖头紧指有情之处，取其四势登对而中心受穴者也。必须祖宗峻拔，降体奇伟，行度精俊。两水夹出，直来若奔；一水横拦，其止若尸。龙真局正，三方环固，四势和平。及至入首去处，如一片浮牌，无窝无钳，无乳无突。本身之上，毫无凭据，但体前情，亲后乐，准辅弼，刺鱼腮，指定四兽交顾之处，以天心十道口衔材之法取之，则穴无遁情矣。又有一等龙脉，清浊未分，上面高直，下面低坠；高扦则见下面太低，低扦又觉上面悬绝；却于缓急平分之间，对脉中停受穴，此又一法也。大抵只要四势登对，则裁穴必在十字横直交接之中。多用挨、并、坠、插四作法何则？对杖，平中多用之，山冈间有之。盖平洋之脉，有生死而无强弱，有起伏而少分合，故当挨生、并死、坠气、插脉，随界水浅深以成穴也。斯则山水朝揖于外，生气藏蓄于内，如石中之玉、沙里之金，不凿不淘，曷为而见？坪中之穴，不有证佐，不有对杖，曷为而知？

截 杖

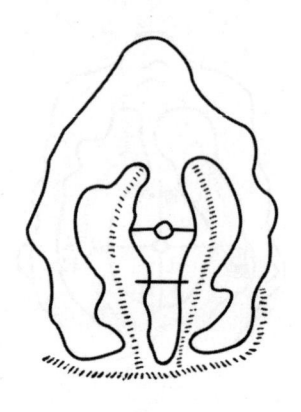

图说

　　截者，截去其穴前吐出有余不尽之气、左右不包之砂头也。必须后龙未经结作，雨水夹出，直至穴前。一水横拦，气不他往。后无鬼劫，前无官飞。势若群羊之见犬而只只回顾，但包穴而不包袍；如大蛇之见蝎，而兹兹吐舌。但劫地而不劫气。众山俱短而此山独长，立穴于元武尽处则无夹护，故于本山纡徐停蓄之间，收其左右夹拱之山，截其元武长嘴。乘其欲断不断之势以受穴，则无高露风低脱脉之患矣。夫截者，斩截之谓也。须斩截得无一毫气脉之行，方才合矩。大抵亦要上面有来，下面无去，见其来不见其去为美。若后面见其迢递而来，前面又见其迢递而去，虽夹照齐整似可作穴，不过山断处耳，龙脉驻足处耳、所谓过山气甚深沉。若曰众短取长亦勉强。裁截穴法，惟斩得绝三字足以尽之矣。

犯 杖

图说

犯者，伤犯乎本山之脉而凿开合杖者也。必须众山皆雄伟，而此龙独柔软居中、众山俱长而此龙独短、众山俱高而此龙独低，或众山俱大而此龙独小，或众山俱秀丽而此龙独粗丑，此等皆阴发而阳行、阳来而阴受者。若复于缓处立穴，则伤于太柔矣。故当视其阳体初变之处，大施人力，急夺天工，即于孩儿头上开金取水，高居尊位以降伏群阴也。大抵缓来而急受，多用盖、吞、撞、插四作法何则？"一阴一阳之谓道。"阴阳迭运者气也，刚柔相济者理也。阳以含阳，阳以畜阴，气形理也。众阴而独一阳，理固辨矣。然夫造化之凝结，必不离父母所生之体。阳复生阴，穴方的矣。盖犯杖之法，人所畏忌，殊不知力量甚重。真龙大地，天之所珍，地之所秘，将以福其善也。恐泄其机于不善，到头之时多不开头面，而私此一诀以福善也。必须堂局宽展、遥山耸秀、远水生光者，其体方真。若逼山逼水、局量浅小者，亦以犯杖裁之，未有不绝者，慎之。

顿 杖

图说

  顿者，堆顿高垒，积客土以受生气、培假早以配真局者也。必须龙真局正、众山俱小，而此龙独大，众山俱低而此龙独高，众龙俱细嫩而此龙独粗老，四伴俱柔弱而此龙独刚强，及到头将结作处，则顺势直倾、尽泻其气于堂局之中，总四兽之气以为气，应四兽之形以为形，仗四兽之情以成簊，顿四兽之局以裁穴。如大贵人之巡狩一邦，则一邦之人迎者送者。迎送莫不矢心于一人一样。局势又环，来龙又真，泻落平垟，或入泉涧，不论高低大小，于十字杖中顿墩成穴，只要与四山相称即已，不必以入首脉络不清而疑泥于其间也。大抵急来而缓受，四面夹护俱柔软可亲，独有此龙雄伟居中，刚急可畏。若复于急处立穴，则伤于太刚，且露风凑煞，故当于平中高垒土埠以成坟耳。然惟干龙方有之何则？干龙多结州郡阳宅。设或结阴地，其龙气宏大一时细小不来，故气满堂直倾而成顿局。夫有顿必不跌，顿而泄落平垟是顿而方跌矣。顿而方跌，则气正欲前往，一水横拦，不能前行而上掤，故气浮在上。顿土可以成穴也。若局量褊小，则无顿法也。

顺杖兼逆

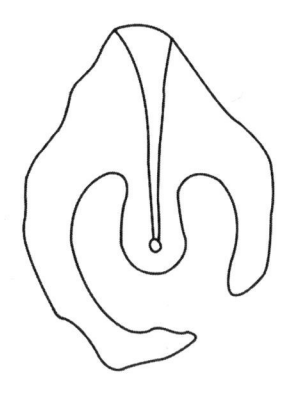

图说

　　顺而兼乎逆者,顺乘其临头之脉而逆接乎堂中之气以受者也。使真气拂耳,宜挨去水一边立穴,不可少侵上边顺水砂头;只收下转之山以拦截上来之气,出上山之杀以注纳下流之水;以耳乘气,中正受局;天门大开,地户紧闭;头顶来龙,脚踏去水,方合局也。

顺杖兼缩

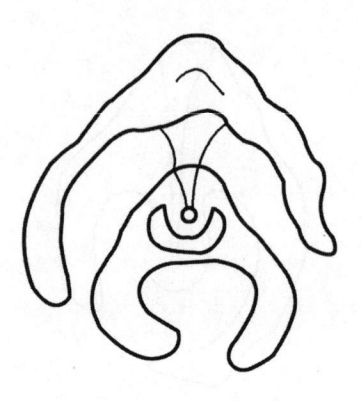

图说

　　顺而兼乎缩者，顺乘其脉而结穴于百会、囟门之间者也，乃上聚而下散，受遥山之秀、喜远水之光者也。正接来脉而下，穴场虽高然藏风聚气犹如平地。堂局证佐亦与顺杖无相彼此，而此特星辰高应，收纳遥山远水之秀，力量更觉重厚，为少异耳，大约与顺相似。

顺兼缀杖

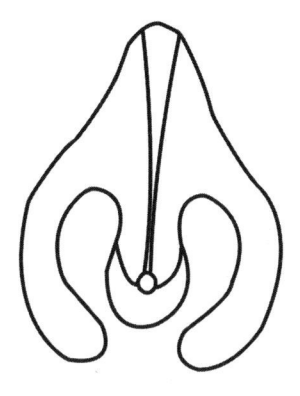

图说

　　顺而兼乎缀者，顺粘其穴于龙尽气钟之处，缓其所急脱煞而缀穴于脉者也。宜抵受穴、略侵界水限一、二尺许。要堂局低平而不倾泄，宽大而不旷荡，四势和平。穴场虽低而不觉沉陷、不相饶减。其大约亦与顺杖相近，而此特底受穴耳。务宜详密，以其易于脱脉故也。

顺兼开杖

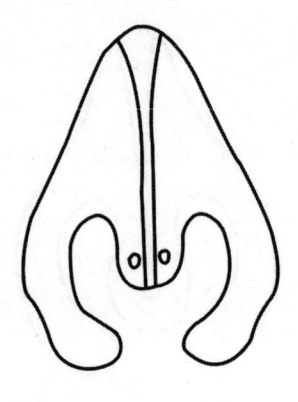

图说

　　顺而兼乎开者，顺乘其脉而两开受穴者也。龙气雄急，一顺直冲，当中脉立穴则矬煞矣。故脱中煞而旁受穴，局势证佐。欲其中分中应而不可少有偏倚，大约与顺杖相同，而此特来脉粗雄、不比顺杖落细而当中立穴耳。故分穴居脉之两旁，顺穴而开葬也。

顺兼穿杖

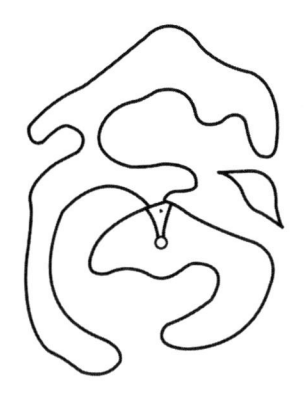

图说

顺而兼乎穿者，顺食堂气而斜乘龙气以受穴者也。不论左来穿穴、右来穿穴，大率以腰受气。必局势纯净，虽不对顶出脉，而其局则俨然穿心出须帐者一般。全要下砂不牵曳，而兜头尽转；后乐要峻拔，而开面正抱正接堂气而脉来贯耳者，皆顺而兼穿之杖也。

顺兼离杖

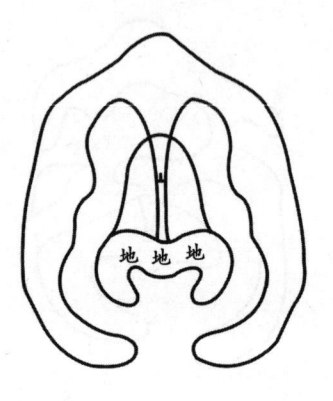

图说

　　顺而兼乎离者，顺就其局、脱离其脊、抛出平地、中辏堂气而立穴者也。必须元武山上急峻，不可立穴；平地中心，微起突胞；或微生旋窝，上头虽见一片老板壳，而直势直奔，落头不清，其实对顶乘气而有临头、有合脚也。故拂顶受穴者皆顺，脱脉辏局者皆离；山行龙而地结穴者，顺而兼乎离也。上称离山，行龙非离卦也，乃结硬局而扦平软穴也。

顺杖兼顿

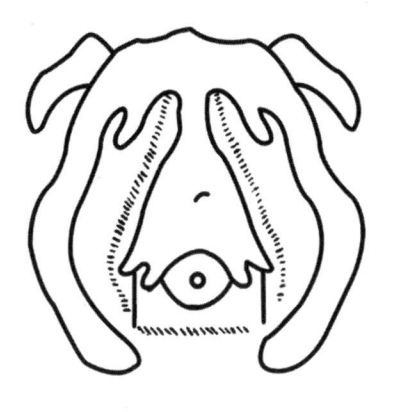

图说

　　顺而兼乎顿者，高山出脉，穴居平地，顺其前后左右高下相应之间。因其高处，篝成一山，正受其局以立穴。只要主山耸拔，诸山远顾而不旷荡，局面低平而不紧小形局，相称前面；一水拦截，四势和平，使高山卸落平地之体，复顿成高阜，是静而复动、顺兼乎顿也。

逆兼顺杖

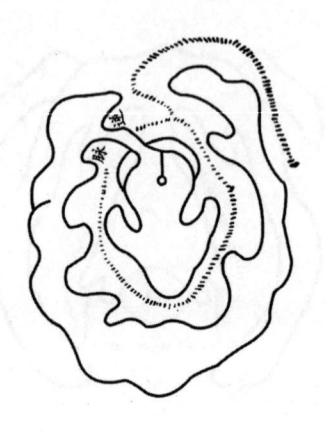

图说

　　逆而兼乎顺者，逆接其气而顺受其局、倒流逆施以受穴者也。三台起祖，分臂分枝，角落顺势，至顺极处，逆抛一脉，坐祖正顶，前对脐心，后对鬼撑；虽从囊入，俨然穿心出帐一般，前后左右俱逆，龙顺顾而随逆俱顺，至切勿以顾祖回首而认鬼撑为穴，以踏于果头城之弊也。

顺杖兼没

图说

　　顺杖兼乎没者，正坐来脉，正接堂气，开金取水，深藏其穴。未作穴时，则惟一个圆金星穴一；作时天心十道球檐薄口，件件与前后左右相合。虽未开窝而作为乘金相水，深开大窝，发福极速、但忌前面堂水倾泄，不发财禄、而百煞亦不畏者，以一窝之能藏也。

顺杖兼对

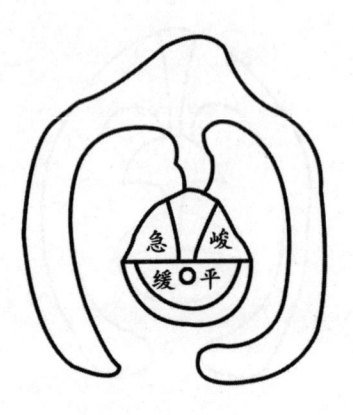

图说

　　顺而兼乎对者，顺受其脉于急缓交济之间，正放棺于天心十道之中，平分四势以裁穴者也。必须上刚下柔，上生下死，上动下静，上明下暗；后头山脉至此焉终，前面唇脐至此焉始。于上下相乘之中，对十字天心立穴，则无伤龙脱脉之患。此顺而兼对之杖，高山平地有之。

顺杖兼截

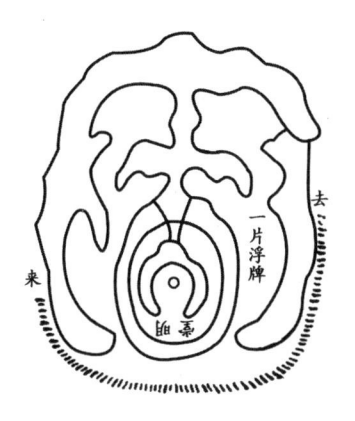

图说

顺而兼乎截者，顺水直冲，穴结中停；后面有来，前面有去；于穴中循法造作，后来之气截然不能前往，本龙气脉无有一毫不行；始虽似乎一片浮牌，终则作为龙穴砂水如自然者一般。收其左右夹顾之情，逆其生旺深长之水，迎神背杀，弃死挨生；乘其所来，截其所去；顺兼截之法也。

顺杖兼犯

脐低

图说

　　顺而兼乎犯者，后龙踊跃，迢递而来，穿心出帐；及至到头处则成一顽金体势，无分合亦无薄口，如玉藏于石，凿破始逢；当高齐眉、低应心之处，大开茔穴，深凿金坑，必乘其气而后已，使始之员金一块作成个字三义，改犯其本龙之形体以成穴者，顺而兼犯之法也。

逆杖兼缩

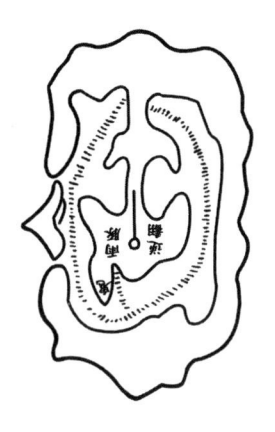

图说

逆而兼乎缩者，还乘其脉而星辰高应、穴结于囟门、百会之间者也。四山强峙，只落脉细弱，穴情逆开面目，番身结顶，两脚逆番；遥山拱秀，远水生光，两边明堂之水洋朝，前脉无脊，后鬼有兜，穴场虽高而无风吹，水分两边从后绕旁合襟而出，而无水劫，故逆杖还兼缩法高也。

逆杖兼缀

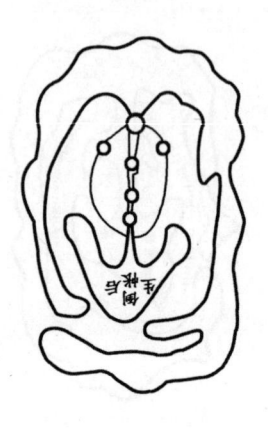

图说

　　逆而兼平缀者，逆受其脉而星辰低应、急乘其气而面真背假以立穴者也。多祖宗峻拔而行龙细软活泼，虽倒受其气，登局却似后来而有倒帐，如不敢凑其急煞一般，方逆缀也。夫逆缀与顺缀不同，顺缀而堂局紧小，犹可用逆缀；而局量紧窄必非逆结，乃过峡也，必须面前宽阔方可用。

逆杖兼开

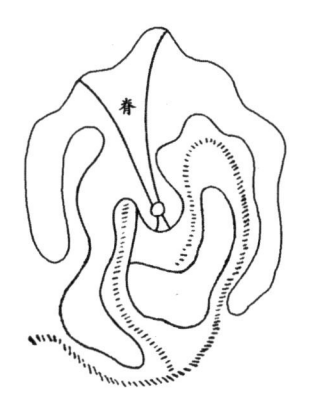

图说

逆而兼乎开者，逆乘其脉而闪开一边、挨脊倚脉以立穴者也。此局来龙多无起伏，浑浑而来。后面枝股，俱是用神体段，回头逆顾里面而不自立门户。其脉之来也，强硬而不脱杀；其枝之去也，细软而不结作。于杨柳枝头出来正心上，立穴不贪遥山远水，只收纳自家山水，傍有局一边，作逆开杖法。

逆杖兼穿

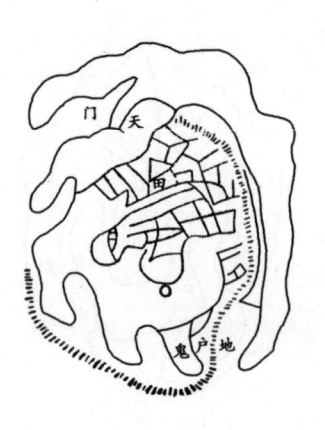

图说

逆而兼乎穿者，逆就其局而横受其脉、回头顾祖以受穴者也。不拘左转右转，但中抽出脉而闪归一边，复顾祖逆就局而横受脉者，皆逆而兼乎穿者也。就山来这边，枝脚短缩而不刺穴；水去这边，一股直护过穴而不短缩；天门又开，地户又闭；局平整而不左倾右泄，结穴不高不低，惟与局势相称而已。

逆杖兼离

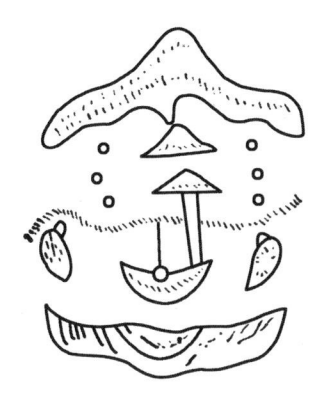

图说

逆而兼乎离者，逆转朝宗离脉、循局以立穴者也。必须从大剥小，飞鹅势只跟一只直至水边，过水重兴。虽系回头顾祖，面前一水横拦，俨若宾主对峙一般。

楊再謫仙人楊公金鋼鑽
本形法葬圖訣

杨再谪仙人杨公金钢钻本形法葬图诀

论葬

　　杨公一日执金钢钻谓门人曰：地理之术，龙要有正星，穴要有正形，砂要有正名，水要有正情。四者之外，又有法葬之旨，所谓有常则有变，而法则所以制变者也。如高山葬窟，定形也，而有空窟之天狗；平地葬突，定形也，而有暴突之孤曜。葬之家破人亡，反归地理之不验。岂地理之不验，失法葬之旨者也。夫龙凶穴吉，无情而有情也，虽福不久；龙吉穴凶，有情而无情也，虽凶必福。而去凶召福之机，惟在于趋全避缺、裁成辅相之法则而已。故寻地之法，须先辨其穴星阴阳，如阴落之形必仰，阳落之形必覆之类，然后寻其降脊以捉气脉。究灰线之微茫而定穴所，然后看界穴金鱼之水、护穴凤凰之砂。有水无砂，掬转则散乱不聚，所谓金鱼不凤凰，此水反为殃也。又须看其出乳员净，如蟹眼之突活动有情，两旁有微茫水环之，斯非暴可葬；切忌无乳失陷为空窟，与蟹死眼凹陷同为祸不浅，所谓"蟹眼当求法，死蟹路人亡"也。求法者即开口、堆乳、窍肩、窍胁、窍颈、窍足之类。又须看其虾须明白。虾须者，则是穴前合襟、人中水也。不明白则界河不清，不可用，所谓"虾须休错认，俗喜虾须长"也。又须辨其左右之砂，雌雄交度则气始聚，或阴交阳，或阳交阴，结作方真。凤雄而凰雌，故曰"凰雌凤是雄，细辨用心详"也。左右之砂弯转护内，则内必明净而有尾拖向外，所谓"牝者尾多乱，牡者尾徜徉"。牝牡指左右砂之雌雄言，多乱、稍徉谓穴内不见而任其飘洋于外也。又须辨其龙格之如灰包、如茶槽、如药碾、如筲箕水枧之类者，慎勿扦之。如法既得，又须辨其城门水口四神、八将、三阳、六建，各各明显具备，有吉而无凶，则斯为十全之地，而寻地之法亦无外于此矣。今举五星本形法葬图诀以示汝辈，诚能学力之至，自能执此作地，永福无祸。若失此诀而欲作地，譬如尘中寻粟、砂里拣金，几何而易得吾之旨、不祸于人而能为人作福哉？

金星形局

形本	金星来势倚立，两肩平齐，左右山宽，气隐堂长，只是虚钳。如此下穴，元辰去远，无金鱼水界，不可用。下后二、三代主公事。名天罡，伤穴之形，并无发福。
葬法	凡遇此等形穴，来龙真正，法于人首脉上尽处下穴，不必锄深，但输新土，高如马蹄样，四尺下棺。如此堂气短，墓头一出便有金鱼水界，此名接气葬法。下后大发。
形本	金星来势平缓偃仰，两角平齐，口内斜侧，明堂窄狭，如此下穴，主绝。若后龙好，当以法葬之，吉。
葬法	凡遇此等形穴，若龙好，不可舍之。用工掘开虎边弯环，一则右边不迫，二则龙虎回抱，三则元辰不直，自然有金鱼水之元环穴，主大旺人丁财禄。

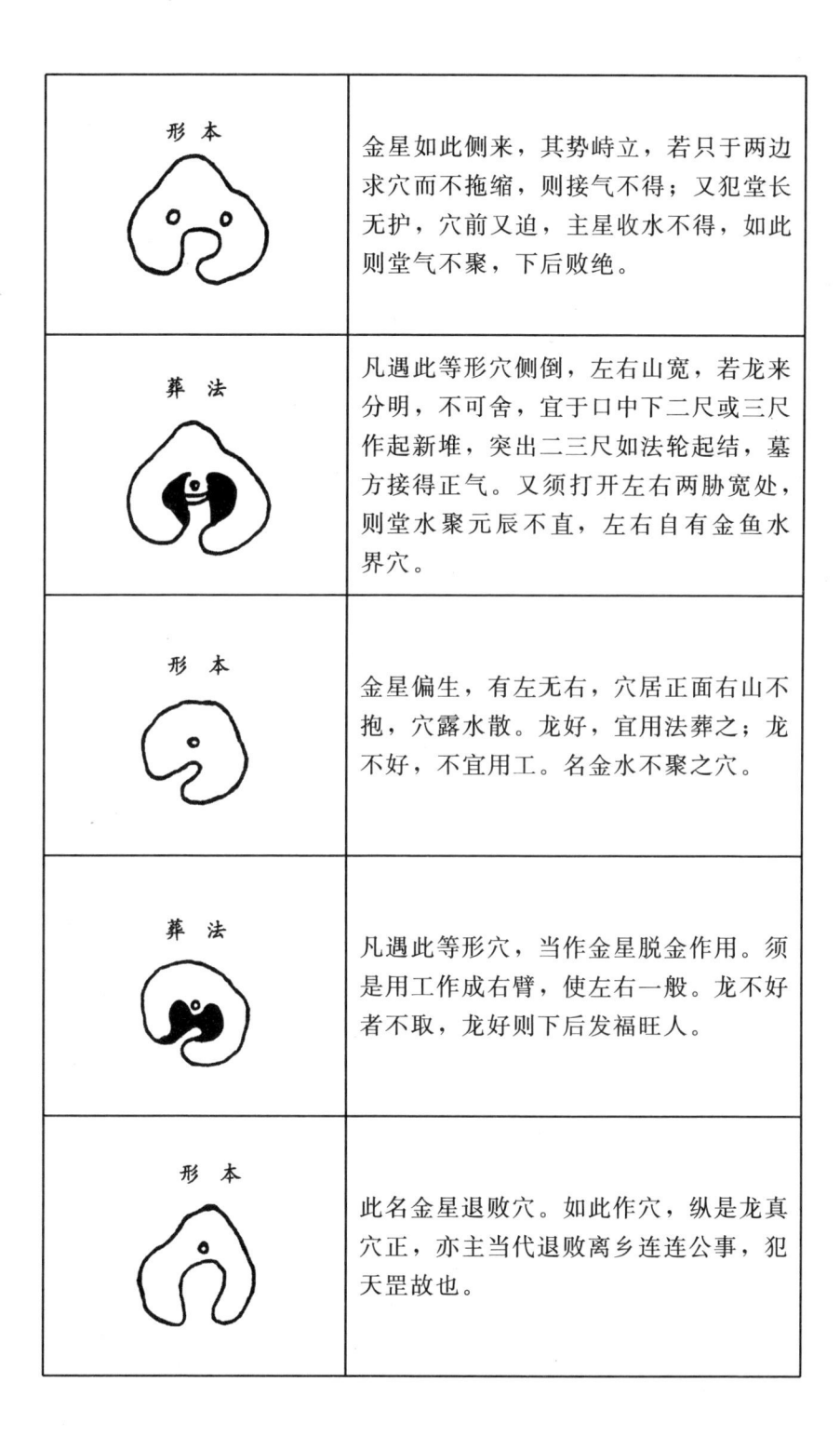

形 本	金星如此侧来，其势峙立，若只于两边求穴而不拖缩，则接气不得；又犯堂长无护，穴前又迫，主星收水不得，如此则堂气不聚，下后败绝。
葬 法	凡遇此等形穴侧倒，左右山宽，若龙来分明，不可舍，宜于口中下二尺或三尺作起新堆，突出二三尺如法轮起结，墓方接得正气。又须打开左右两胁宽处，则堂水聚元辰不直，左右自有金鱼水界穴。
形 本	金星偏生，有左无右，穴居正面右山不抱，穴露水散。龙好，宜用法葬之；龙不好，不宜用工。名金水不聚之穴。
葬 法	凡遇此等形穴，当作金星脱金作用。须是用工作成右臂，使左右一般。龙不好者不取，龙好则下后发福旺人。
形 本	此名金星退败穴。如此作穴，纵是龙真穴正，亦主当代退败离乡连连公事，犯天罡故也。

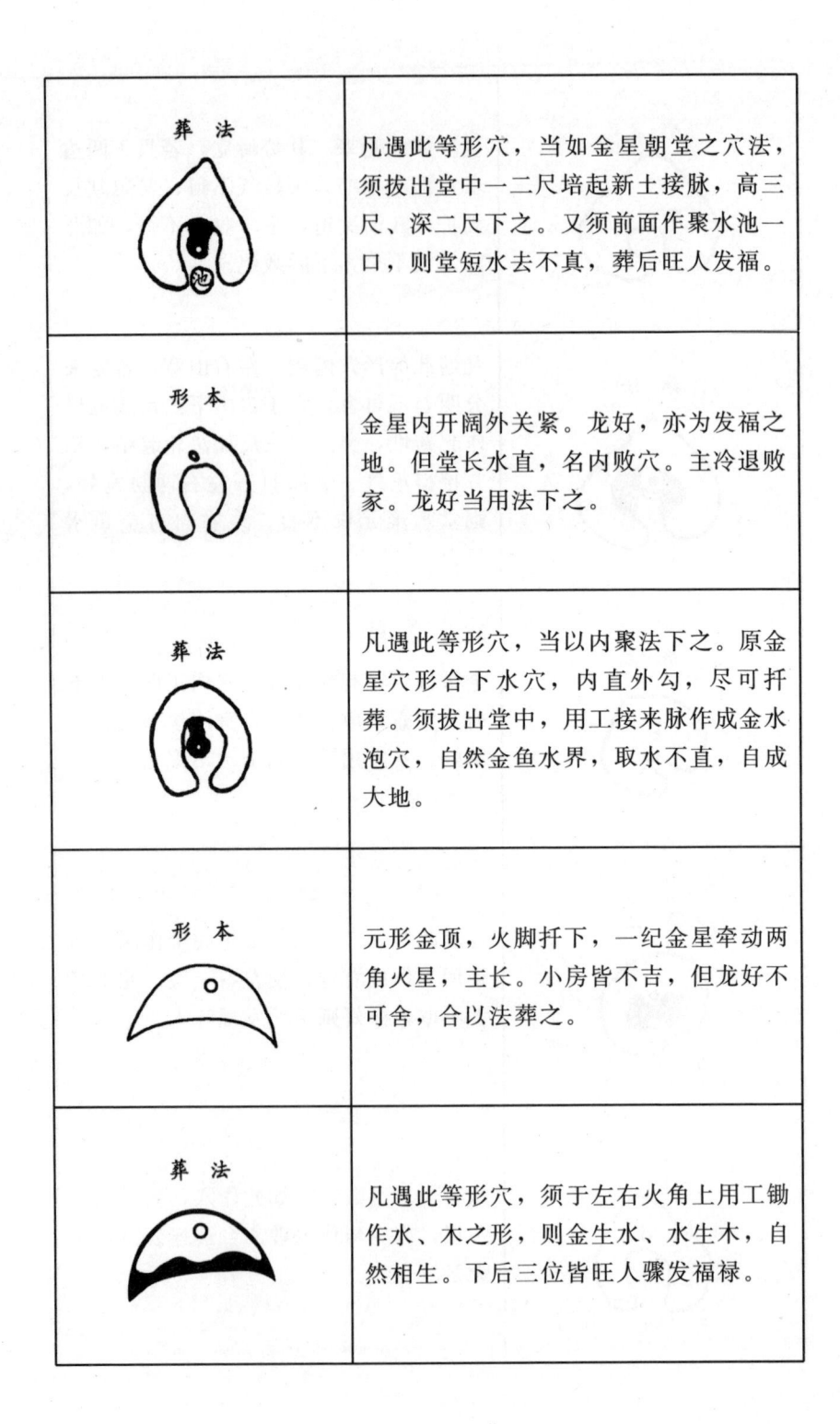

葬法	凡遇此等形穴，当如金星朝堂之穴法，须拔出堂中一二尺培起新土接脉，高三尺、深二尺下之。又须前面作聚水池一口，则堂短水去不真，葬后旺人发福。
形本	金星内开阔外关紧。龙好，亦为发福之地。但堂长水直，名内败穴。主冷退败家。龙好当用法下之。
葬法	凡遇此等形穴，当以内聚法下之。原金星穴形合下水穴，内直外勾，尽可扦葬。须拔出堂中，用工接来脉作成金水泡穴，自然金鱼水界，取水不直，自成大地。
形本	元形金顶，火脚扦下，一纪金星牵动两角火星，主长。小房皆不吉，但龙好不可舍，合以法葬之。
葬法	凡遇此等形穴，须于左右火角上用工锄作水、木之形，则金生水、水生木，自然相生。下后三位皆旺人骤发福禄。

木星形局

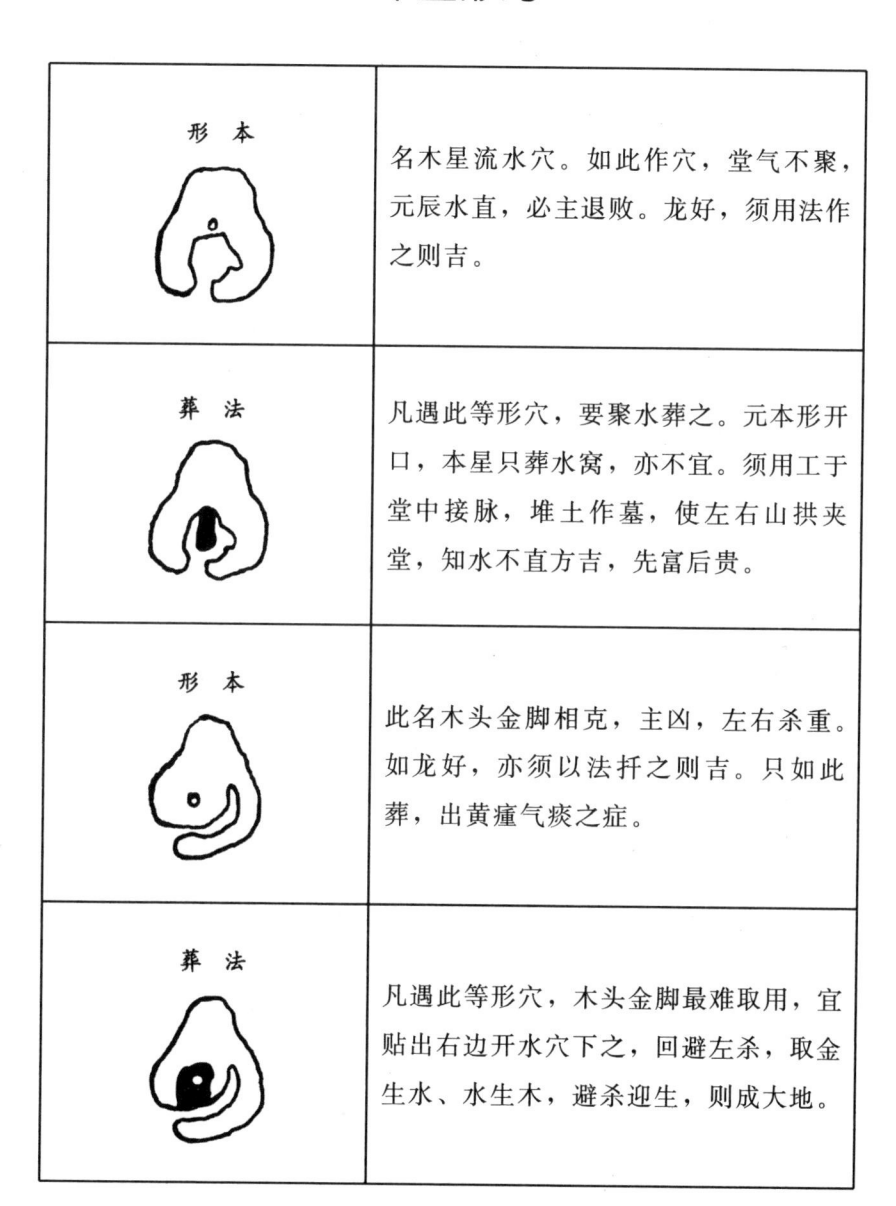

形本	名木星流水穴。如此作穴，堂气不聚，元辰水直，必主退败。龙好，须用法作之则吉。
葬法	凡遇此等形穴，要聚水葬之。元本形开口，本星只葬水窝，亦不宜。须用工于堂中接脉，堆土作墓，使左右山拱夹堂，知水不直方吉，先富后贵。
形本	此名木头金脚相克，主凶，左右杀重。如龙好，亦须以法扦之则吉。只如此葬，出黄瘅气痰之症。
葬法	凡遇此等形穴，木头金脚最难取用，宜贴出右边开水穴下之，回避左杀，取金生水、水生木，避杀迎生，则成大地。

形本	木星木穴，全无化炁，左右皆直，又无回拦。若无水荫，下后主孤寡绝人。如龙真，亦不可舍，当以法扦之。
葬法	凡遇此等形穴，来龙有护有送，大水横抱，不可舍，宜用法扦之。打开作水窝，穴前堆转两手横拦，使堂局有关锁，水木相生，自然发福。
形本	木星主山高压，左右迫穴，下后三位俱绝，出人鄙俗。若龙真，不可舍，当以法葬之。
葬法	凡遇此等形穴，须用工打开逼处，取出左右内砂环抱，使水木相生如势来偃仰，即正下穴。势来耸压则取畔侧下穴，自明堂宽展，立见发福。凡形穴左右，一同取之。
形本	木星来势高耸，前山高压，穴窄堂狭。如此葬名天罡杀，主少亡换妻，全无发福。

葬法	凡遇此等形穴，主山高压，前山高出，作用法度须锄入四尺至五、六尺扦之，前山自然宽阔，明堂自然方正，回环而成大地也。

水星局形

形 本	此乃滚泉水星带金，主大富，子孙繁盛。若金泡不明，左右不护，穴后龙虽好，亦不发福。当用工作之。
葬 法	凡遇此等形穴，当于一股正脉脱杀处下穴，用工堆起金泡明白，将左右两手补出弯长护穴，明堂气局不泄，方为大地，富贵旺人。
形 本	水星到穴，如此屈回。只此下穴则水散，堂宽不聚，下后退败离乡、女人淫乱。龙好，用法扦之则吉。

葬法	凡遇此等形穴，须开水窟用工涌起，以金顶下之，则金水相生。左右更堆两手抱护过穴，如此作用，则成大地。
形本	名水星滴水。脉扦水头穴，须中开一段，或大或小，异众不同，方可下之。若左右护卫短小不能到穴，则气露无力，不发福。当以作法用之。
葬法	凡遇此等形穴，要后龙起大金星为祖，须寻正脉脱杀处，用工堆起金顶为坟，取金水相生。又用工于左右两傍贴出龙虎护穴，使穴不受风。更于面前堆一横土，星与穴相等，不高不矮，以作内案，使水不泛滥。主世代文显旺人。
形本	此名水星金泡穴。左臂山飞走直出，右臂山不展抱，穴处露风，下后孤寡离乡。若后节龙好，有大金星为祖，当用法扦之则吉。
葬法	凡遇此等形穴，来龙合法，当用工于左边走山上贴出两三臂，遮了飞走之山不见高，堆金星顶为坟，接长右臂弯环抱穴，则左右无风，如风吹罗带之形，可为清贵绵远旺盛之地。

火星局形

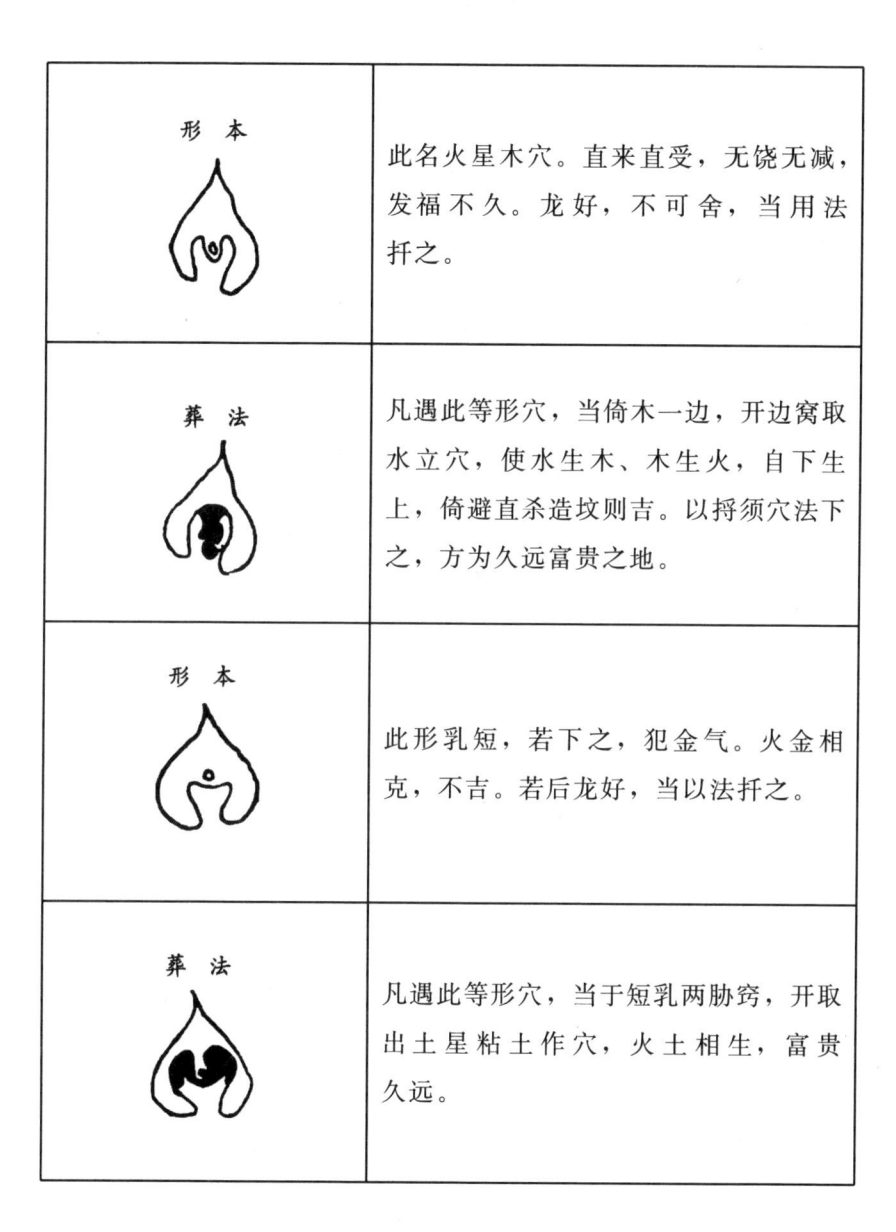

形本	此名火星木穴。直来直受，无饶无减，发福不久。龙好，不可舍，当用法扦之。
葬法	凡遇此等形穴，当倚木一边，开边窝取水立穴，使水生木、木生火，自下生上，倚避直杀造坟则吉。以挬须穴法下之，方为久远富贵之地。
形本	此形乳短，若下之，犯金气。火金相克，不吉。若后龙好，当以法扦之。
葬法	凡遇此等形穴，当于短乳两胁窍，开取出土星粘土作穴，火土相生，富贵久远。

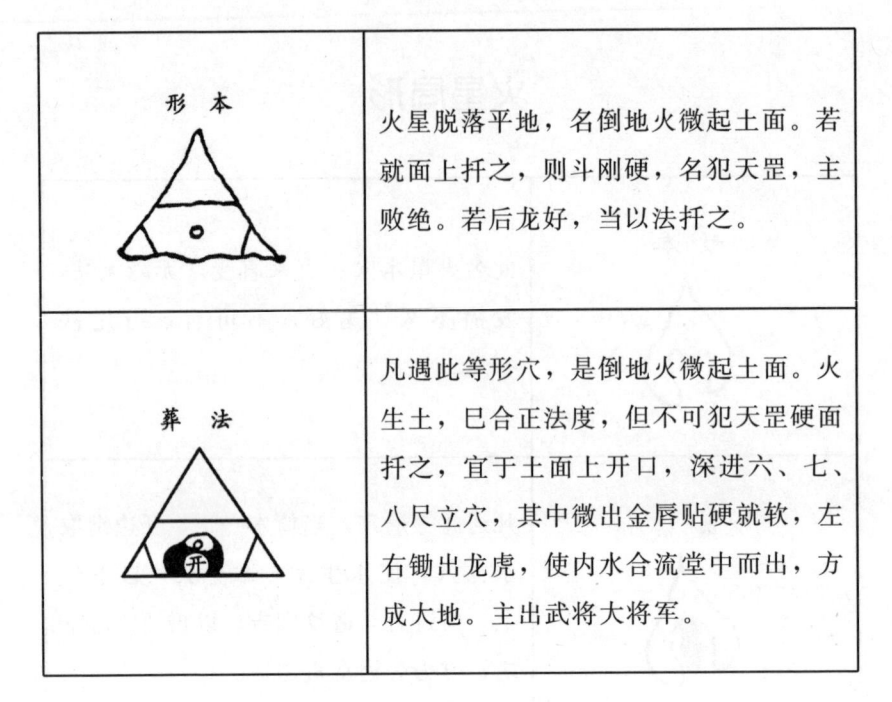

形本	火星脱落平地，名倒地火微起土面。若就面上扦之，则斗刚硬，名犯天罡，主败绝。若后龙好，当以法扦之。
葬法	凡遇此等形穴，是倒地火微起土面。火生土，已合正法度，但不可犯天罡硬面扦之，宜于土面上开口，深进六、七、八尺立穴，其中微出金唇贴硬就软，左右锄出龙虎，使内水合流堂中而出，方成大地。主出武将大将军。

土星局形

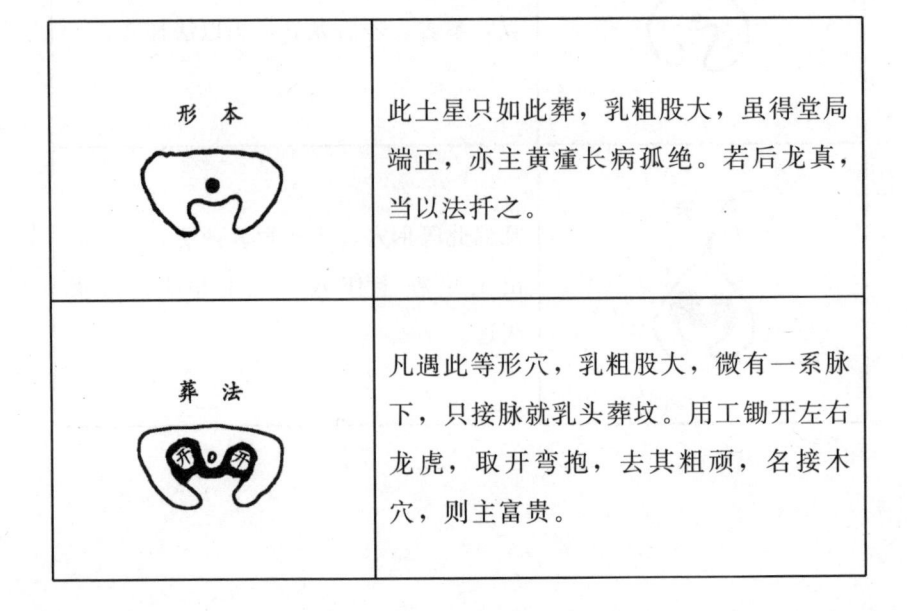

形本	此土星只如此葬，乳粗股大，虽得堂局端正，亦主黄瘅长病孤绝。若后龙真，当以法扦之。
葬法	凡遇此等形穴，乳粗股大，微有一系脉下，只接脉就乳头葬坟。用工锄开左右龙虎，取开弯抱，去其粗顽，名接木穴，则主富贵。

形本	此星无乳,若如此葬,名犯本杀。葬后主黄瘴长病孤绝。龙好,不可舍,宜用法扦之。
葬法	凡遇此等形穴无乳,当于两角求之,盖两角绷硬如木,使不法葬,则犯木杀。宜于角边有势处吞进开窝,钳穴之撞深取气,内钳紧夹,斯为吉也。
形本	此名卧牛土。顶斜,惟主大富。只如此葬,主出僧尼肿病路死,名土星犯杀穴。当以法扦之。
葬法	凡遇此等形穴顶斜大股,上肥满挨,中有微微小脉,宜劈开肥处,取出乳头界水,作一股环转,就中立穴,收拾堂气,名曰斜木扦芽穴,下后大富。
形本	正土出,紫气入穴,两角带火。如此安穴,两角不收,名曰土星无炁穴,不吉。若后龙真正,当以法扦之。

葬法

凡遇此等形穴，是正土木穴。只是火角不宜不收，宜向中乳下脱脉，扦穴粘之。又不可出脉太远犯水，宜深五、六、七尺新土培起墓尾，两边龙虎培土使之弯抱穴场，则见发福。如来势峻急，不可安穴，亦不可粘，必要平缓方为可也。

空石長者五星捉脈正變明圖

空石长者五星捉脉正变明图

论五星分高山平冈平地三格

高山之金，如钟如釜，人圆不欹，光彩肥润，为吉。

平冈之金，如笠如马，圆融活动，如珠走盘，为吉。

平地之金，圆如糖饼，肥满光净，有弦有棱，为吉。

高山之木，高耸卓笔，挺然特立，不欹不侧，为吉。

平冈之木，枝柯宛转，回抱袤延，势若鞭袅，为吉。

平地之木，软圆平直，枝柯横布，苞节牵连，为吉。

高山之水，土泡曲艳，势如展帐，横阔摆列，为吉。

平冈之水，手脚平铺，势如行云，逶迤曲折，为吉。

平地之水，展席铺毡，层波叠浪，有低有昂，为吉。

高山之火，秀丽尖耸，焰焰烧空，为祖为宗，为吉。

平冈之火，手足袤延，纵横生焰，得水相连，为吉。

平地之火，斜飞闪闪，曲中生曜，水里石梁，为吉。

高山之土，如库如屏，重厚雄伟，端正方平，为吉。

平冈之土，如几如圭，端厚肥重，不倾不欹，为吉。

平地之土，堑削方棱，厚重平齐，有高有低，为吉。

论五星体性

金之体圆而不尖，金之性静而不动。势面顶脚，以定静光圆、肥满平正则吉，流动欹斜、雍肿破碎则凶。

木之体直而不方，木之性顺而条畅。势面顶脚，以清秀光润、精彩圆净则吉，欹崩散漫、破碎臃肿则凶。

水之体动而不静，水之性沉流就下。势面顶脚，以层波叠泡、圆曲活动则吉，牵泄懒坦、散漫倾欹则凶。

火之体锐而不圆，火之性炎而不静。势面顶脚，以削峻焰动、明净秀丽则吉，不经脱卸、破碎恶陋则凶。

土之体方凝而正，土之性镇静而迟。势面顶脚，以浑厚高雅、平正端方则吉，欹斜倾陷、臃肿崩破则凶。

论五星穴形葬法

五星出诸吉体。穴场既定，先须辨其太极圆晕：若见隐微之间圆晕分明，则性气内聚，是为真穴。无此则非。若已经开垦过者，须凭目力详审之。若见二三半晕如初生月样，是名天轮，更为难得。太极既定，次又分其阴阳：晕间凹陷者为阴穴，晕间凸起者为阳穴；就身作穴者为阴龙，宜阳穴，另起星峰作穴者为阳龙，宜阴穴。反此皆有凶咎。或上截凸起、下截凹陷，或下截凸起、上截凹陷。或左右凹凸相兼，皆为二气交感，不问阴阳龙皆可用。凡阴阳之穴皆当饶减，惟二气交感之穴，则取阴阳之中，乃升降聚会之所，不用饶减。两仪既分，再又当知四象。四象者，脉、息、窝、突之谓也。脉是晕间微有凹，息是晕间微有凸，窝是晕间粗有凹，突是晕间粗有凸。阳龙忌下息、突穴，阴龙忌下脉、窝穴。四象既明，然后以十六葬法以消息之。高山阳龙脉缓者用盖法，当揭高放棺；高山阳龙脉急者用粘法，当就低放棺；高山阳龙脉直者用倚法，当挨偏放棺；高山阳龙脉不急不缓者用撞法，当取直放棺；高山阴龙脉缓者用斩法，当近顶放棺；高山阴龙脉不急不缓者用截法，当近腰放棺；高山阴龙脉急者用钩法，当近脚放棺；高山阴龙体矮者用坠法，当凑脚放棺；平地阳龙穴狭者用正法，当中心放棺；平地阳龙穴阔者用求法，当接气放棺；平地阳龙穴深者用架法，当抽气放棺；平地阳龙穴浅者用折法，当量脉放棺；平地阴龙单脉者用挨法，当靠实放棺；平地阴龙双脉者用并法，当取短放棺；平地阴龙脉正者用斜法，当闪仄放棺；平地阴龙脉偏者用插法，当拨正放棺。然十六葬法，须要枕一线生气而后裁度，皆重在捉来脉上。使不知捉脉而妄以十六法施之，生气不到，则能腐棺祸人，所谓一毫千里、一指万山者也。今具捉脉明图于下，学者能循图索理、捉脉定穴，则郭氏"葬乘生气"之旨斯复明于天下矣。所谓夺神功、改天命而为世人福者，只此术焉耳已，又何有于奥秘为哉？

金星捉脉式[①]

大抵结穴星辰，惟金为多。凡入垣局都是高山，卸落平垟，退尽杀气，一起一伏。断而复断，如抛毯滚珠，然后结作，所以多金星也。五星中，木、土结稍杀于金，水则多为引龙过气兼体，火则多为祖宗，其结作更杀于木、土也。金正体有高矮平面，而变体四星任其所兼。

图	说明
峻肥　峻肥	覆钟金多结三停之穴，或顶、或腹、或麓，有坦窝处便是穴，急硬陡峻不可下，又要审四应相等下之。
饱盖顶	覆釜金头上有窝，对脉盖顶取穴，下则饱面无气。经曰形如覆釜、其巅可富是也。
开打　开打　聚峻	孤金端正肥饱，龙真打开水窝取之，所谓脚阔头圆、开金取水是也。主巨富。
粗棱　逆凸　绝弦　左贵　就股　棱	此地多高山，闪落平垟要有余气，认弦傍角作穴，取气之直贯者中，穴气短缓。主绝。

[①] 计五十五格。

	开口蟹钳金两脚回抱湾环，最忌直硬不弓。穴下无乳漏槽。亦有双钳诸格。
	突金觜穴，凡形势有觜者若外有坪，则气聚将铺坪处。
	吐气开钳口流于一边，坪上临田蘸水，最易发福。
	吐气开钳口正出坪上，谓之蟾宫月影或生窝，皆吉，不宜深葬。
	吐气落坪谓之吐唇星辰。舌下又有唇穴扦坪，上无坪处。主绝。
	太阴半月，气贯一边，微有窝钳，就角扦之；中央死气。主绝。
	正面弦棱分晓，不满不突而有微窝，内外俱明，则葬窝穴。

	半月金星出，自然两角无窝。就蟾上打开取水扦之，大吉。若高，主绝；低，主囚杀。
	太阴两脚平开，一脚带火，上有微窝，宜高就窝扦之。角穴犯火绝。
	平地仰面，星辰有唇，当就唇下。此等多是平中一突，必是来龙远脱、卸清结局。主福力悠远，子孙众庶。
	此平面无唇、四面仰弦而葬窝心者，名落地金盆，金钱之类。
	此平面前有微毡及微砂抱转者，当就弦立穴，中则气不止微砂无力。
	侧面金脚带火，气流火边，乃就角微平处打开挨金剪火以葬，亦取水之法。
	摆脚金脚动处皆转气流动边，宜栽荡以葬。

图	说明
	金星作垂泡，两手回抱，就泡上安穴。泡微，勿太打开。
	此星出木脚，宜剪去。木高扦，所谓元武舌长高处点之类。更作小兜金遮木脚不见，方吉。
	枫叶金骑形，剪火而葬，所谓三角金星是也。多盖顶穴，审脉以定之。
	吐水金逶迤曲折，尽处出员泡泡，就泡作穴。泡小不宜太打开。
	出曜金与剪火葬同挨金，取气得法，发福极速。
	转钩金面上微生水脚，绾转作钩，于钩内立穴，气流角上，更得钩转，故为最力。
	燕窝金郎开口水窝。经云：形如燕窠，法葬其凹，胙土分茅。

急硬腫粘主毡	正面硬急，下有微毡，两钳明白，粘主就毡以葬。要粘气不可脱脉，太吐则绝。
金斜垂圆	象鼻，金头圆面、一边弓脚者也，亦谓单股。金星逆水则是左右一同。
金感水子就	金拖荡荡处有应乐则可立穴，就子作也。与摆脚体大同小异。
金硬毡尖	闪角金阴砂底护脉垂一角，低处就角傍砂扦之，露则主绝。
金面破 肩 土角	金面中生出土金之角，看他掬处捉脉扦之。正面破碎无气。
金庚线 肩软 动高肩 肩高 棱 荡	阳金高大粗雄硬面，要微脉下有小泡方真。其势踊跃，必主立郡迁都。

(图)	金星坠气，主富贵。误高则绝星辰。上高下平，两脚扯开、腰肢圆净者合格。
(图)	上金下土为泄气，不吉。平面下要出紫气方可。盖木为财出富龙，贵出县尹。
(图)	金星粗大贴体后出小金闪角作穴，主世代绵远发福。
(图)	此地要平面两脚相并，寻土脉作穴，误扦，主绝瘟火。葬得法出刺史。
(图)	此格名腰子。土与金相似不可坐后。土近火当脱脉，就龙虎扦之，号曰就气。富贵绵远。
(图)	此格面体粗硬不成，地出小泡方吉。以护缠分贵贱，富可敌国，贵出刺史，后愈昌大。

	此地二穴皆要微脊分明。上穴宜高，下穴宜低，上软下硬、形势不急者合格。一名劫穴，闪杀而作实。
	双气合脉结穴，名太阳合气穴。左右弓脚台顶分明方真，不明者非。
	此格得法葬之旺，人聪明，但无大富贵。若误高下，主败绝。
	此地要中间起高大，金星氘归两边，只要掬角明白，主右富左贵，当代即发。
	此地宜向凹中作穴，有外应方真。正面无气不可下，出富贵文才佐二之官。要落脉微细则是，粗大则非。
	此地三金横水，品字金星，宜扦水泡曰泛水金星。当代出提刑，富贵不绝。

（图）	祖星是金，落穴是水，龙虎是火。闪杀主贵，受杀主绝，承水主富。虎口虚穴不结，名垂掌金星，与垂掌相似。
（图）	正面坠气，只要上小下大方真。似有似无为妙，不问金土皆结，发福绵远。
（图）	此地二穴上小富下，主大富贵，名转皮土角穴。宜平低作穴上穴。要有应无应则非。
（图）	此格名木星斗土。土坡出紫气，穴方正。扦之有法，有帐出文，无帐出武。误扦主绝。
（图）	此地名茆花泛水金。要葬节动处，主文士贤人富贵。失法出人淫。
（图）	双星扛水天财，后有乐应，穴居凹上。腰长者不取。

图	说明
	金、土、天财斜插入穴,主人财两旺、典郡专城。失气者绝。
	亥口阡者主贵,正顶扦者主富。失法主绝。要观后顶明白,方可扦作。
	此格高山落平洋者为真。若得四水聚,富贵绵远。
	此格左穴为天财,右穴为坠气。俱要低葬就水扦穴方妙。得法富贵,失法黄病。
	此金星凹下坠气之穴,挨正脉倚绾傍左而扦。
	此金星坠气穴,如悬胆坠珠于坠,觜上扦之。

木星捉脉式

木亦尊星，结穴少杀于金。正体有立、垂、横格，而变体四星任其所兼，多结节。泡之穴或为曲折之状。

	木星愈高愈贵。要顶圆身耸，急进为尚。傍乳气不到，主绝。
	此正木盖穴。头圆身直，三停皆可取穴，但认窝坦苞节高下取之。或气偏则有倚穴，直急则有粘穴，宜详其形势捉脉下之。
	此正体垂乳穴。经云贪狼不变、生乳头是也。主大富贵。大抵木星多文贵，金星主武，土星主富。又当以清浊定之方准，不可执一论。
	直倒木星至尽处无化气，宜退后，截来脉带骨贴皮处下之。
	直倒木长数十丈、百余丈，至尽头微开钳口，就中立穴，愈长愈妙。

垂头	垂头紫气，就头上顶脉扦穴。此穴至贵，名落地文星，主状元、宰辅。
峻 出觜	出觜木星，其尽处起金水泡，或微顶抽出木觜就于顶下，详觜动处立穴，所谓就化气也。
木 木	金水嶂下生出两木，直下如金钗股样，名交枝木，于桠丫处扦之。
毡	横木长数百丈，中吐舌，或圆或方，当就舌穴立。盖真气并于外，以舌为证者也。
出 截	横直木如下字，若本身无化气，宜截气开窝以葬。
横 直 横 舌	横山连气木两头，一直脉从中出，或住平冈、广坂、湖边，就中直上顶脉立穴，主大富贵。

	三横一直，均匀如王字，大贵、封王。有在三画上立穴者，有在三画外立穴者，亦有觜弦舌上立穴者，皆要齐整。
	浮水木星，从有气处作穴。垂木气之尽，枕应为之葬乳。木气已绝纯水之所，必主淫绝。
	此名推金扯角穴，大不入俗眼，又名三停穴。金、水、木相扶动处扦。穴低者方是。高大穴非，局势急员者是。
	金水星头下出木，前有一臂掬转，宜挨归一边立穴。
	此名绾蓝木，如手绾蓝穴。扦将转动处，与没骨、天财、攀鞍、垂鞭。诸体大同小异。
	折挣木，三弯三曲，或于掬转处插肘外，乘气立穴，或于尽头立穴，俱承动处审四势下之。

	曲木，曲处外有裀褥，宜插肘外，乘气下之。
	芦花袅木，曲折摆动，到头掬处下之，主神童、状元。
	木星架火，火焚其木，极为凶祸。高开水窝，深藏下之，不见火为福。
	十字木星，与柿蒂土相似。但土方而木圆、土浊而木清，宜就中央聚气处下之。
	木星出水，而生金开口结穴，宜扦口中。若不生水而出金，穴无窝泡，则凶。
	木星出水浪，木形水厓是贵格也。住处结穴如木之芽，英华秀发之象。

(图)	四木齐到,下手一木掬转,取短而有裀褥者为穴,宜扦木所尽处。
(图)	木垂而出水泡,就泡上立穴,勿大打开以伤其嫩气。

水星捉脉式

水多为引龙过气及为兼星,故结穴龙少于土,必兼金、木方结,无纯水作穴者。正体有澄波、回澜、流泡之格;变体,四星任其所兼。

(图)	流泡出穴,穴在泡水,流必有泡。无泡则为荡水,不结。
(图)	流水出金星,结穴在金星上,就开口处取之。
(图)	此格上穴为贵,下穴泡上,要就中正下之。下穴不若上穴,乘气急也。

水星开窝图	水星开窝，当就窝内扦作。要内平正，四围有弦如铜锣样，方可就窝下之。
水木相兼图	水、木相兼，勾夹开窝，就窝下之。不可太深，深则脱气。
螺旋兰迴	回澜旋螺，穴结中间头上，此穴极贵。有蟠龙、蟠蛇诸格。
澄波平面	平地之水，圆融不动，名曰澄波。弦棱明白，当就中立穴。
水木相揉图	水、木相揉，看取掬处。若掬处有应，便宜立穴。与开口无异。
淫星图	此星号曰淫星，扦之有诀。正面穴，主出淫妇绝；左一穴，主大富贵。如死硬、则非。

	三台结顶，边急边缓，要有窝脊，就坡弦上作穴，主大富贵。高露主绝。
	此星粗重模糊微有脊方真。但要水低，名曰：气穴来雄；无抱号曰：冲穴。主速发人财。
	二水横金，形势如飞蛾，又曰坠气金星，主大富贵。

火星捉脉式

　　火多作祖宗及为罗曜，故结穴尤少于水。大抵难多结穴。正体有焰天、倒地诸格，变体四星任其所兼。

	此焰天，火盛极而生土出穴，主王，葬极贵。大抵水为秀、火为禄，不结则已，结则极显。
	此倒地，平面火生微土，于中结穴，如火烧尽成土之象，一任风吹，愈燃愈炽。

	此倒地火如红鸾禄星，环抱处作穴，主贵卓越显赫。
	此火生棋盘土结穴，不可葬正中，要退后坐龙脉方是。勿前有三丫文，必出三公。
	火薰蒸而成水，开水窝立穴。葬急生绝。葬是出刑名。
	火盛而生土，水不足以泼其势。宜于土星开口处扦穴。又名腰子土。

土星捉脉式

土与木、金皆尊星。土结穴少杀于木。上格出王侯宰执，下格亦巨富，以土星福厚故也。正体有高低、斗面、仄面，而变体四星任其所兼。

	屏风正土，立面绷削壁立，无处立穴。至脚跟处始见吐气，就坠处下之。

图	说明
（垂正）	土星悬胆出脉，就胆上下之。勿大打开，以伤其气。
（峻坦）	胆与乳大同小异。胆上细下大，乳则下小，乳忌大。长硬微动处是穴。
（土棱 天朝 棱）	此格内金、水，外火觜，当枕中作穴。脉正出显贵，角出亦至侍御。无弦棱主绝。
（土 平 夷 火水窝开口 火）	此星多是不高不低，后是土，左右是火，后有微脉出自土角。当就水窝弦至穴，主兵权富贵。
（厉 凤 生化）	土角出脉，合气结穴，于中微起凸，就凸上扦之。无凸非穴。
（土天平 烝紫）	此地名曰劫穴。有火觜在下，要穴高龙虎低，角上入首。主出郡，主富贵双全。

厚肥厚	土星面宽大肥厚而垂两乳，俱端正员净，当立两穴。
肥窝	土星开口出窝，弦棱紧固，宜就窝粘弦立穴。
方盘窝	平地棋盘方土，面身正平，不拗不高低边就中立穴。须要窝有明白，满突不可下。
斜掬	垂钩土，即于掬转处立穴。要应乐分明、左右有情，则发清要之职。
厚薄	转角土则于角拗转员活曲动处扦之，就口斜乘来脉则吉。
扯硬角	土星葬角，取细嫩处扦之，所谓老中求嫩、静中求动也。

	此星要平正有角者，方是悬下，合作紫气穴。动荡分晓，富贵非常。
	此地宜大打开，深取水穴，水土始有制化。左穴主巨富，右穴出大总兵。宜仔细消详，错乱主绝。
	此地名孤落穴，乃土腹藏金贴体，星辰微出，角上作穴，主威严之职。低平则非。
	凹脑之开口者，亦如绾蓝绾得紧处，有势为佳，就口下之。
	凹脑之不出乳、不开口者，有应，就中捉脉下之，主大富。

廖禹十六葬法

寒唐十六卷書

廖禹十六葬法

总论

盖、粘、倚、撞，脉之四穴；斩、截、吊、坠，息之四穴；正、求、架、折，窝之四穴；挨、并、斜、插，突之四穴。四四一十六，葬法大纲也。星体穴情，既有主见，人手工夫，自有定法。一法可配四法，四法总归一法。天、地、人三穴，该尽天地妙用；俗学以高下名之，误矣。

脉之四穴

盖穴法象

盖穴葬义

盖者盖也，有如合盘之形。盖之脉，自坤而见于乾；盖之法，自乾而施于坤。媾合之大道存焉，天地之精蕴见焉。须是精求慎，毋苟且。盖小盖大，则伤其元气；盖大盖小，则泄其元气；盖上盖下，则脱其来气；盖下盖上，则失其止气；盖左盖右，或犯其剥气；盖右盖左，或受其冷气。纵得龙穴之妙，必遭横逆之祸。顶薄舍盖云者，舍之不用；非舍上取下、舍高就低之谓也。此以作穴言，彼以审穴言，意义自别。

粘穴法象

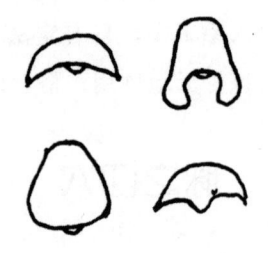

粘穴葬义

粘者沾也，如沾恩宠之义。粘之脉，自来而止于止；粘之法，自止而止于尽。施承之大道攸存，化工之生物将著。法理未精，天渊悬隔。粘上粘下，则脱其来气；粘下粘上，则失其止气；粘左粘右，则左死而右亦伤；粘右粘左，则右伤而左亦亡。纵得砂水之美，终叨玷辱之危。下薄莫粘云者，弃之不用；非弃上扦下之谓也。粘之真，虽下临长江大河无碍工巧，岂有下薄莫用粘之理乎？

倚穴法象

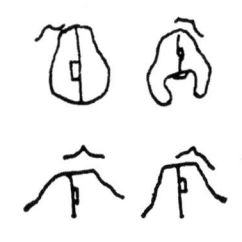

倚穴葬义

倚者依也，如倚居之义。倚之脉，自上而临于下；倚之穴，自傍而依于正。傍栖之形既成，变化之义自著。切不可骑脉而扦，亦不可脱穴而葬。倚左倚右，则失正而就于偏；倚右倚左，则犯刚而投于燥；倚上倚下，谓之脱脉，始见隆而终受孤单；倚下倚上，谓之中杀，初见合而后必散离。固知有左右之穴，终是失倚依之正。纵得局面之奇，必见衰凌之患，本与挨法相似。挨法施于突之平，倚法用于脉之直，非上智其孰知之？

撞穴法象

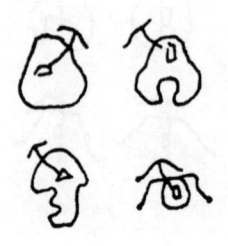

撞穴葬义

撞者抵也，如斗斧之义。撞之脉，自傍而就于正；撞之穴，从正而就于傍。傍来之既脉专，专一之情可见；切不可过脉而扦，亦不可离脉而撞。撞上而失之下，则气从下散；撞下而失之上，则气因上浮；撞深而失之浅，则生气虚行；撞浅而失之深，则生气柱泄。纵得来脉之真，终失止脉之吉，亦与斜插相似。但斜插施于突之直，撞法施于脉之斜。一毫千里之远，江河几席之间，不可不察。

盖、粘、倚、撞，四大作用也。包罗万象，统率万物。盖似天穴，粘似地穴，倚、撞似人穴，统同也；似天非天，似地非地，似人非人，辨异也。大抵天、地、人，大纲也；盖、粘、倚、撞，大领也。纲领既知，则万目斯举，往钦哉。

息之四穴

斩穴法象

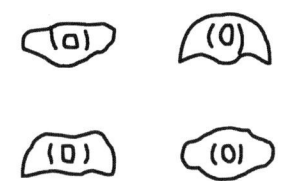

斩穴葬义

斩者断也，斩截其生气。生气见于息之横。高不可侵，顶晕薄也；低不可近，足底寒也。是以斩上恐失下，斩下恐失上，斩中心恐失左右，斩左右恐失中心。细观息象明白，次观穴情的当。然后以斩法施之，则上下左右自成体段。然息，体也，体之微；斩，用也，用之广。若不细察，遽尔投棺，则生气受伤，子母遭挫。纵得包藏之固，终非可久之道。且息象用斩，其息必小，小则难以投其大；斩施于息，其茔必大，大则难以容于小。

截穴法象

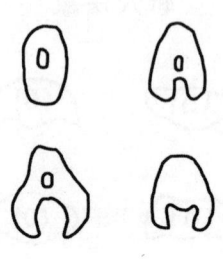

截穴葬义

　　截者剖也，剖辟其生气。生气露于息之直。高若侵顶，谓之剖首；低若站麓，谓之剖足。是亦截上恐遗于下，截下恐遗于上；偏左而截失之右手，偏右而截失之左肢。呵气而成，谓之一息，一息既成，贴于穴体。穴体微茫，切勿轻举。斩之息，多土意；截之息，多木意。横土用斩，截尽生意；直木用截，接尽生气。势不相侔，作用迥异。若不细玩，遽尔轻投，则体用两伤、生气破泄。大抵脉息之穴，不可双葬，正谓宁失之小、毋失之大。

吊穴法象

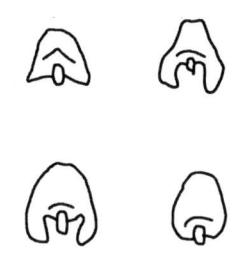

吊穴葬义

　　吊者悬也，悬提其生气。生气奔于息之下，上不可过高，恐漏其气；下不可过低，恐脱其脉。生气半在息体之足，半在息体之衬。一阴既盛，一阳复生。气交感而成形，形既完而成穴。左右自无可混，上下最宜参究。吊与粘相似，粘乃吊之垂，吊乃粘之起；吊与坠相似，吊者坠之半，坠者吊之全。因材器用之道，量职官人之义，须当此处辨之。

坠穴法象

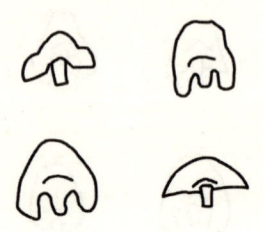

坠穴葬义

坠者落也,坠落其滴露。生气既完,如果脱蒂。坠高则就其偏枯,坠下则入于偏驳。坠上坠下,来而不来;坠下坠上,止所非止。是以上不可顶脉而扦,下不可离脉而就。顶不离弦,来意专一;足不离褥,生意直遂。设若息心一乘,则必失其本体。大抵与粘穴相似,粘乃坠之全,坠乃粘之半。息体丰肥,褥弦、出转;穴星轩昂,出口吐脉。尽是吐落之情,并依坠落之法。脱上则退其刚硬之枯,开唇则舒其呼吸之气。高不如吊,低不如粘。若不细用心思,则首受杀伐、足履卑污,左右虽有缠绵,本主自难抵敌。

斩、截、吊、坠四大作法,阐扬蕴奥,昭示精详。吊似天穴,坠似地穴,斩截似人穴,统同也;似天非天,似地非地,似人非人,辨异也。大抵天、地、人,大经也;斩、截、吊、坠,大法也。经法既明,则得手应心,尚慎哉。

窝之四穴

正穴法象

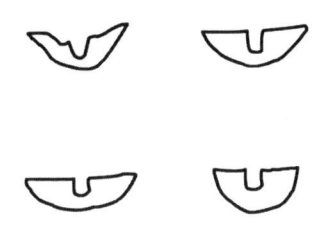

正穴葬义

正者整也，整肃其身体、收敛其心志也。窝象既小，生气初凝。过于大，未免伤其元神之真；入于深，岂不坏其细嫩之体？伤其元神，则气不足；坏其细嫩，则体不完。亦有上下之误，岂无左右之偏？阴阳妙合，归于中正之天；刚柔相济，止于中正之地。见阴正于阳，见阳正于阴；见显正于微，见柔正于刚。显者发之过，刚者弱之强。三分损益，一理推行，斯义得之。一有云正当作止，其义亦通。

求穴法象

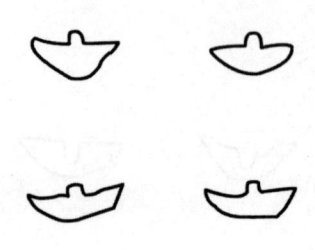

求穴葬义

　　求者度也，度量其大之止、追求其止之真。窝象既大，生气弥漫。过于大，则生气流而不专；过于小，则生气游而不息。流而不专，则度之未真；游而不息，则求之未切。虽见窝象明白，下后百无一发。是能求之于穴，不能求之于求；或能求之于求，不能求之于穴。求上求下，而上之不能度；求下求上，而求之不能量。求得于左，忽又求失于右；求全于右，倏焉求失于左。亦有高低之分，岂无浅深之误？一真吐露，六义匀停；一见了然，五行自著；自然高不容下、低不必上矣。

架穴法象

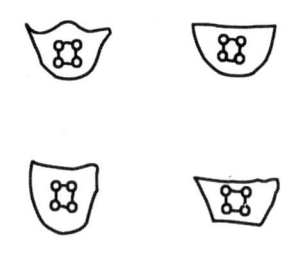

架穴葬义

　　架者加也，加棺于木、故名曰架。窝象深下，下藏阴杀。上而畏风，故气聚于下；下而畏湿，故气薄于上；下上受敌，故气凝于中。失之于上，难免暴败之祸；失之于下，必遭阴消之患。必度其受气之源，以定其止聚之基；须先用木以渗其暴败之情，然后加棺以颛其滋溢之气。水性就下，下之阴杀，见木即消。阴杀薄上，上之暴气遇风而散，其中之生气愈见蕃盛，脉续不穷。若执夫窝不葬心之说，是未明夫通变之权。但要知深浅之法，务必度土石之宜。架左当虚其右，必左来脉而将右为界限也；架后当空其前，必后脉至而取前为界限也。架之高，高不可三分；架之低，低不可三分。察土石以定来脉，审变化以定高低。茔前水道，不妨直出。

折穴法象

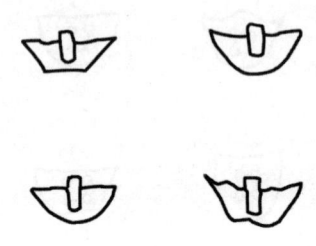

折穴葬义

　　折者裁也，以斤断木、故名曰折。窝象既浅，四顾茫然。杀乘风旺，气随风散。风旺则杀愈高，气散则杀益炽。故生气之避杀气，犹君子之避小人，默聚于一穴，至难折析也。立于上，要砂水均应；立于下，必龙虎匀朝。诚如坦坡之象，分明游布之势。须审其出彼入此之真机，预定其参前倚后之定向；折中其上下，分扒其左右；而折之义详矣。是法深不过五，浅不失三，前后无容于遗，左右须详其误。正于架，相似而架则正之深；折于求，相似而折则求之阔。同中之异，异中之同。少有懈怠，则施于甲者施于乙，用于丙者用于丁，定不见福。

　　正、求、架、折四大作法，开示蕴奥，剖露天机。求似天穴，折似地穴，正架似人穴，统同也；似天非天，似地非地，似人非人，辨异也。大抵天、地、人，大节也；正、求、架、折，大目也。节目既审，则随施随应，勉之哉。

突之四穴

挨穴法象

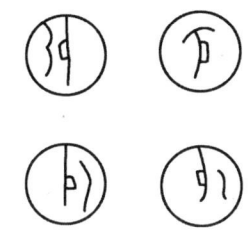

挨穴葬义

挨者傍也，傍就其生气、故名曰挨。突象既彰，阴脉微现。求其上来处，又急底于下止处；又缓乘其中，犹恐伤顶。跨其脊，切虑难骑。渺茫无际，恍惚无栖。无栖则捉摸莫定，无际则居止无依。故步其微突之脉，折其曲直之宗而挨之。庶上不投其急，而暴杀已和；下不受其寒，而阴气旋复。不乘中而断其来，不贴脊而绝其去。傍挨生生之气，爰直化化之原。挨与倚相似，而埃则倚之切；倚与挨各别，而倚则埃之宽。可埃处，如种之方芽，龙之将蛰；当挨处，形如转皮、气如仰掌。阴脉易见，阳脉难明。细观分穴之文，吉凶有如立见。

并穴法象

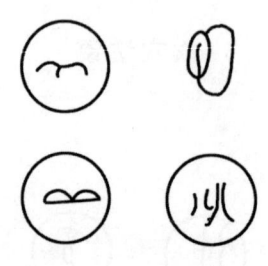

并穴葬义

并者合也，合并其生气、故名曰并。突象两彰，阴脉重现，如浮鸥傍母之形，若嘉栗吐华之势。投其左，则情意不专；投其右，则生意不固。生意不固，直亡阳之杀；情意不专，直阴驳之祸。或两脉显其短长，或二突露其大小。相依不散，理势通同。故乘其短而小者穴之，合其大而长者并之，则理气合一而不散，元辰完而不伤。此义似觉易明，吾言无事叠琐。

斜穴法象

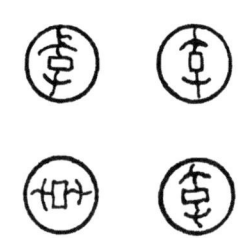

斜穴葬义

斜者切也，斜切其生气、故名之以斜。凡见突显之脉，直下棺体，切莫受首。挨其弦，则脉落不到；就其顶，则脉势专强。不到之处谓之退落，专强之中谓之刚雄。刚雄，阳中之阳，偏阳不生也；退落，阴中之阴，偏阴不成也；故斜而切之。斜则不直，受其暴气；切则不疏，远其真情。凶可去而吉可得，祸患远而福气滋。可斜处，两金担水，一线穿珠；当斜处，阴见于阳，阳见于阴；阴阳迭运，急缓相济，而斜穴之名义立矣。

插穴法象

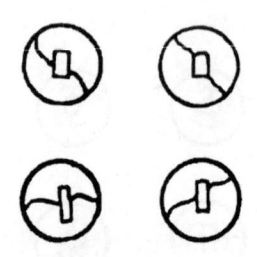

插穴葬义

插者下也，下插其生气、故名之以插。凡见突脉之斜，须详作穴之义。迎其来，则去处牵扯；就其止，则来处悠长。故乘其过续之中，而插之以枯朽之骨。庶来气磅礴，源源不绝；转气充盛，浩浩难尽。鬼福及人，自有效验。可插处，脉见活动，如横抛之势；当插处，穴情昭著，似直撞之形。横抛之势，则力愈健；直撞之形，则情益专。愈健而愈见功效，益专而益见悠远，而插法之理致尽矣。

挨、并、斜、插四大作法，罄尽底蕴，开示良知。挨似天穴，并似地穴，斜插似人穴，统同也；似天非天，似地非地，似人非人，辨异也。大抵天、地、人，大本也；挨、并、斜、插，大原也。本原既立，则辄行辄效，往钦哉。

地理由于一元，本于五行，根于太极。判于阴阳，是生两仪；脉息窝突，是生四象。十六作用，倍于八卦。每一法变四，四四一十六；终六爻之义，共八八六十四法，分配八八六十四卦。八八六十四卦，不出乾、坤、姤、复之中；八八六十四法，不出脉息窝突之外。仍有抛接缀迎等穴，自可以类推之。

黃妙應博山篇

黄妙应博山篇

概论相地法

论曰：凡看山，到山场。先问水，有大水。龙来长，水会江。河有小水龙来短，水会溪涧须细问。何方来，何方去？水来处，是发龙。水尽处，龙亦尽。两水合，才是尽。或大合，或小合，须细认。

善知识，何以相？龙神上聚，登高相之；龙神下降，就下相之，穴土位中，对面相之。水来水去，侧身相之；砂左砂右，徙步相之。前朝后应，前后相之。眠彼堂逼，周遭广野，果尔俱合。乃论阴阳定向，首稽气候，正方隅；形势符，方位合，斯全吉；阙形势，不可扦；失方位，减福力。善知识此话概。

论　龙

寻龙法，寻祖宗、寻父母。祖宗所居，极高之方，火星所结；顿起楼殿，漫天水星，与渠相映。曰：水与火乃成既济。父母所居，中高之方，金星所结。爰有二星，内外相照，一父一母，是为对待。龙自此出，自此退卸，自此博换，才是行龙，才可结穴。

若从大山，便落一节，两边龙虎，名为假穴，何以故不贯顶也。

认得真龙，真龙居中。后有托的，有送的；旁有护的，有缠的。托多送多，护多缠多，龙神大贵、中贵、小贵，凭这可推。

行龙的度，人身相似。开两手，分八字；抽胸膛，直前去。身正的，身歪的；偏左的，偏右的；叠串的，倒转的；趋高的，趋下的，变化多端，汝谛汝谛。

八个相法，相何等相？二十八形，形何等形？九八变星，星何等星？

分富贵贱贫。

三样落法：自肩而落，自腰而落，中心而落。三落者，各分枝，各分叶。中落上，肩落次，腰落又次。到尽处，真好真好。

辨五势：龙北发，朝南来为正势；龙西发，北作穴、南作朝为侧势；龙逆水上、朝顺水下，此乃逆势；龙顺水下、朝逆水上，此乃顺势；龙身回顾祖山作朝，此乃回势。五者结穴有顺局五、逆局五以逆为贵，顺则减力。势之顺逆，论大江水正侧逆顺。祖山之水皆可到堂，回势既远，盖砂障隔；祖山之水难以到堂，但势盘旋兼水环绕，虽不到堂，其力反重。既得势了，便看水口，兼看下砂。俱在逆取，不向顺裁。逆势者，情得水，无下砂亦结地；顺势者，无下砂，有的近案，乃可用；顾祖者，远为优、近不如。何以？故远者龙长，得水为多；近者龙短，得水为少。

龙犹树，有大干，有小枝。干长大，枝短小；干为荣，枝为卫。论低昂，何轩轾？若得水，咸可用。枝干上有疑，龙须细论。

山双行，水居中；水双行，山内拥。水界龙，龙之行；得水界，龙便止。何以？故气行地中，是曰内气；水流土上，是曰外气。外气界截，内气止聚。

支中眠脉，土脊是脉；陇中眠骨，石脉是骨。遥遥是势，迩迩是形。势来形止，生气可乘。

龙欲其聚，不欲其散。龙欲其止，不欲其行。散余有聚，行余有止。得地之纪，何知是聚，城郭是聚；何知是止，结作是止。

陇龙属阴，其气浮如，最慑风吹；支龙属阳，其气沉如，不慑风吹。

何名峡，山断续。这处是两山相夹，为峡之吉。风吹水射，峡是以凶有正出的，有左出的，有转顾的；有正出斜过的，有侧出正过的。峡之出，穴如之。欲得穴，先推峡。能得峡，穴可明。

两样地，十样过，宜细认。

论向首，字对字。看何龙，作何向；看何峡，作何坐。因长短，结远近。认得真，穴可定。

龙神博换，从大博小，从高博低。断了断，乱了乱，穴必嫩；不曾断，不曾乱，便丑样。

遇凶星，须博吉，方可用。不博吉，若要用，间星从，流星从，须细认。顺制逆，逆求顺，不晓得，生恶业，胡可用？

龙穿帐出，厥力乃重。含金含水，这帐为上，纯水为中；两角有带，这帐为上，下垂为中；穿胸的帐，这帐为上，穿角为下。帐下贵人，这个为上；若居帐上，这个为下。

左关右轴，这个为上；边有边无，这个为下。

灵泉养荫，异骨奇毛，皆能证验。

欲详穴，先辨龙；不识龙，胡识穴？得龙真，穴有病，可医修，若龙贱，修无益。但这龙，众人母，诞贵儿，在何方，须细认。勿因龙贵，妄认孀穴。汝见龙形，当知穴形。莫待临穴，乃尔失真。有飞龙的龙，蟠龙的龙，舞凤的龙，踞虎的龙，奔马的龙，游蛇的龙，平冈的龙，嵯峨的龙，尖射的龙，乱杂的龙，孤秀的龙，凡十一样，相穴状可知。或结禁龙，或结蛟龙，或结鸾凤，或结狮象，或结马驼，或结弓剑，或结星月，或结将府，或结凶坛，或结营寨，或结神观；宜细论，要博推。

即后龙，分年代。看何龙，詹何属。

审星宿，问方隅。亥艮兑，巽丙丁，辛庚己，龙之吉，法宜扦；壬子癸，震亦中。

论合穴，亥龙向，丙巽丁；艮龙向，丙庚丁；兼辛巽，合星元。兑向艮，卯巽丁。巽之向，亥艮辛；丙之向，亦艮辛，丁之向，亥艮临。辛合庚，巽卯艮。巳与亥，对宫扦。壬之向，惟坤乙；子癸向，俱午坤；卯之向，庚辛位。此龙穴，俱合贵。

寻龙者，认峦星，望灵气。

定龙脉，何者来，何者去。

考方位，注真气。加制伏，方得利。

论龙神，详且未。有星垣，会者稀。识全局，知大地。有紫微，有太微，有天市。天虹来，天马至。古名都，眠不眠。高着眼，锲心记。诲尔龙，龙如是。

论　穴

善知识，龙格下，有穴星。或金体，或木体，或水体，或火体，或土体，此为正。有高圆金，有矮圆金，有金带水，有土带金，俱为全吉；金带火，金带木，水带荡，火带焰，俱凶。星有变的样子；无龙虎的，双龙虎的，有龙无虎的，有虎无龙的，左侧的，右偏的，左高右低的，右高左低的，开口的，不开口的，垂乳的，不垂乳的，百千样子。或睡卧势，或大坐势，或耸立势。睡者身仰上，气下行，穴宜下；坐者身隐曲，气中聚，穴宜中；立者身高耸，气上行，穴宜上。

五龙作，穴横直。飞潜回，穴变多。岐高忽而低，亦低而高；北忽行南，亦西而东。有闪走的，有斜飞的；有背水的，有临岸的。穴有正体，有变体。正体如如变体难拘有结水中的，有结石中的，有散平地的，有现山脊的，有藏田心的，有逆跳翻身的，有斩截堂气的，有凭高取势的。势虽多端，要证佐，要得水，故曰："地理几卷书，总总是太虚。个中四个字，一个是真如。"上数穴皆奇状，皆怪形；宜用乐，宜用鬼；宜开堂，宜取水。审所宜，勿失一。

认穴法，何者真？何者假？山水向，是为真；山水背，是为假。何者生？何者死？风藏水，逆气聚，是生；风飘水，荡气散，是死。

龙逆水，方成龙；穴逆水，方得穴。何以故？龙得水在势逆，穴得水在砂逆。龙将入首，逆转收水，方得成龙；穴将融结，下砂逆水，方得成穴。

穴局正偏，大宜细认。堂似弓，穴似箭，朝似的。把弓箭，执两匀；比对的，弓调匀。发必中，此可验。比对处，有明暗。明可见，暗不见。但正处常在中，定穴左右，乘气食水。龙右气左，龙左气右。气若归左，砂便左抱；气若归右，砂便右抱。左扦者，乘左气，食左水；右扦者，乘右气，食右水。

穴有高的、低的、大的、小的、瘦的、肥的，制要得宜。高宜避风，低宜避水；大宜阔作，小宜窄作；瘦宜下沉，肥宜上浮。阴阳相度，妙在一心。穴里元元，何以省得？审阴阳，定五行，决向背，究死生。推来历，论星峰；看到头，论分合。觑其明暗，核其是非，察其缓急，慎其饶减，知其避忌，精其巧拙，定其正偏，审其隐露。上乘金，下相水，中穴土，旁印木；外藏八，内秘五，不离隐约一圈之中。这一圈，天地圈。圆不圆，方不方，匾不匾，长不长，短不短，窄不窄，阔不阔，尖不尖，秃不秃。在人意见，似有似无，自然圈也。阴阳此立，五行此出。圈内微凹，似水非水；圈外微起，似砂非砂。分阴分阳，妙哉至理。阴不离阳，阳不离阴，真个妙用。大阴阳，小阴阳；大交度，小交度；大分合，小分合。自一至九，乃至九九。皆阴阳妙也、五行妙也。善知识，知之乎？不知之乎？这阴阳，有聚散，何以辨？上小下大，是为阴脉，中微有突；上大下小，是为阳脉，中微有窝。阴气在里，厥脉沉如；阳气在表，厥脉浮如。

高低之法，瞻前顾后。视左应右，侬心为准。左一步，右一步。前一步，后一步。想一想、看一看。他是我，我是他。不要忙，不要乱。不可露，不可陷。案中准，心中验。眉上齐，心上应。浅中深，深中钱，最难辨。气有浮沉，土有厚薄，晕有大小，翼有高低。土中痣，切须知；土中瘢，切须忌。

穴局员净，是为全吉。出直现尖，须力避却。一边直，一边尖，神煞露法宜盖，高处穴也；左右低，带尖直，神煞窜法宜落，低处穴也。左尖直，右而无；右尖直，左而无，神煞偏法宜避，下侧穴也。

若认龙点穴，即善男、信女身，到头来，龙格下，顿星峰，为男相，阳中阴须有窝，有少阴。窝晕中，韭叶窝，是有太阴；窝晕中，锡底窝，是若阳龙。下阳穴，主死别与生离。龙格下，即结穴，此女相，阴中阳，须有泡，有少阳。泡晕间，微结块，是有太阳；泡晕中，见乳泡，是若阴龙。下阴穴，主风声，且破家。作之法，审缓急直斜，审长短高低，审阔狭浅深，审单双正偏。缓高之脉、急下之脉、直偏之脉、斜正之脉，皆少阴作也。脉短，从头分之；脉长，从中分之。脉高，露顶就之；脉低，凑脚就之；皆少阳作也。脉狭，当心下之；脉阔，取气而下；脉深，揭起就高；脉浅，浮上就气；皆太阴作也。脉单而虚，则就其实；脉双而长，则取其短。脉之正者，当侧受之；脉之偏者，当正受之；皆太阳作也。脉之病，急须知：首乱石，身浪痕，臂低折，脚走窜，水断肩，山破腹，唇上缺，嘴下尖，肚饱满，皆穴病。轻则整，重则弃。

去水地，最可忌；龙虎窜，最可忌。穷龙无案，此亦可忌；孤龙无朝，此亦可忌。穴有贼风，当避则避；明堂低下，当培则培。相其轻重，细加剪裁。

智者步龙，巧者得穴。得穴步龙，得者十八；步龙寻穴，得者十一。

气不和，山不植，不可扦；或奇纹，土隐中，法宜扦。

气味止，山走趋，不可扦；或腰结，或横龙，法宜扦。

龙未会，山而孤，不可扦；落平阳，水堂卫，法宜扦。

气不来，脉断续，不可扦；自然断，断了断，法宜扦。

气不行，山累石，不可扦；或异骨，土隐中，法宜扦。

五吉星，可取用；四凶星，勿妄裁。博好龙，逆好水。凶化吉，理须猜。

论五星，辨贵贱；论传变，辨祸福；论形体；辨吉凶。

合阴阳，化阳阴。较耳腧，扶龙神。吉宜挨，凶勿侵。

金线宫，玉缠位。分得明，为上瑞。

课山主，何主星？何年代？值则荫。

课年命，何穴星？何生人？值则荫。

课公位，是何星？是何位？值则荫。

课年月，属何星？何年发？

课坐向，属何星？何方坐？

课山水，得几步？几世益？

课去来，那边来？来则福。

课生死，那边生，生则福。

九者样，百者形，是不是？真不真？眼中见，心中明。

起起起，伏伏伏，来来来，堆堆堆。阳精转，阴血随。

知牝牡，识雌雄。

穿针眼，把翼肩。杖上取，指上安。罗纹固，土宿横。二星曜，决通灵。透地法，勿虚传，验不验？然不然？辨五土，为正诠。或开堂，或穿圹，或作堆，俱有法；或开门，或放水，或取路，须端的。作用底，有专门。训尔曹，须勉旃。

论　砂

砂关水，水关砂，抱穴之砂关。元辰水，龙虎之砂关；怀中水，近案之砂关；中堂水，外朝之砂关。外龙水周围环抱，脚牙交插，砂之贵者，水之善者。

两边鹄立，命曰侍砂，能遮恶风，最为有力；从龙抱拥，命曰卫砂，外御凹风，内增气势；绕抱穴前，命曰迎砂，平低似揖，拜参之职；面前特立，命曰朝砂，不论远近，特来为贵。四砂惟朝关系匪轻，高低穴法只此可凭。本身横案，亦是朝神。

插水砂，进田笔。祸福紧，万勿失。水左来，山右转；水右来，砂左转。抱内水，插外水，所以贵。

龙与虎，吾掌中。随身取，为至功。穴若真，必不顺；穴若假，岂肯逆？若借外砂，名曰护从。环抱低平，左右相应。其或不交，借案横拦？亦能收水，此亦可扦。上水宜长，下水宜短。下水若长，下砂要转。

亦有偏龙，水自右来，左宫贵穴；亦有偏虎，水自左来，右宫贵穴。或正用，或斜裁。知正知变，顺逆安排。

又有龙虎结成顺局，须抱过腕，臂末起峰，横拦穴前，亦多成地。①

主短朝长，是朝逆主；主长朝短，是主逆朝。名为变势，若道其常。主朝相若，是为正势。两山相会，水亦相交。朝山贵峰，或三或五，尖员端秀，是为上格。短缩之形，虽秀减神。时或横过，突起对峰；意非特朝，亦有可取。身脚水路，不我相向。偏斜走窜，无所取裁。

主山之水，赖朝锁纽；朝山之水，趋向主龙。何论尖员？何拘本方？但要端正，真水到堂。

有等大地，主山固逆，朝山亦逆。三阳之水，乃无走泄。发龙虎后，抱龙虎前，此名近案。或发龙腰，亦为案取。贵下生上，勿上生下。有案无朝，内水了收；有朝无案，亦赖前砂。朝案俱无，护砂前插。法若背此，穷龙之宅。朝不厌远，案固欲近。案秀尖员，厥形为上。一字平过，得案正样。中高中低，几几相合。高凌低脱，云胡可论。

水口之砂，最关利害。交插紧密，龙神斯聚。走窜顺飞，真龙必去。砂有三：富、贵、贱。肥圆正为富局，秀尖丽为贵局，斜臃肿为贱局。砂砂有杀，汝知乎？有尖射的，破透顶的，探出头的，身反向的，顺水走

---

① 或得近案，逆水而上，又不可概以顺局言。

的，高压穴的，皆凶相也。又有相斗的，破碎的，直强的，狭逼的，低陷的，斜乱的，粗大的，瘦弱的，短缩的，昂头的，背面的，断腰的，皆砂中祸也。

　　夹护之砂，须要审详。左护者，多必为左穴；右护者，多必为右穴。迎托之砂，须认下落。后托之砂，有边长的，有边短的；穴在长边，此亦可据。

　　四砂法，若推磨。龙与虎，事若何？吉、吉、吉，凶亦多。后元武，要睡头。祸与福，谁之招？前朱雀，尤紧急，要翔舞，须轩豁。吉凶机，须早察。有盖砂高大，盖穴者是；有照砂正照，穴场者是；有乐山出穴，星后者是。

　　尖尾鬼，尖属火，乃主贵；齐尾鬼，齐属土，只主富。横龙穴，须认此。若正出，任有无。

　　曜气何，插两臂。龙虎外，拖衣袖。

　　官星何，前砂外。官属阴，曜属阳。不见者见，见者不见。前后左右，气之剩余；尖员直方，气之秀发。向外则吉，反射则凶。参以龙穴，细细研穷。

　　天有北辰，地有镇星。生居水口，角巘分明。亦有兽星，与夫螺星。方员尖石，马象龟形，如鸾如凤，平地高冈。论力之重，夷掌水中。印砂何取？鱼砂何论？顾我为真，背我弗问。西方为佳，妙在艮、巽。巽、丙、丁，砂之秀。乾坤艮，亦吉曜。若罗列，可推究。

　　木克土，土克水，水克火，火克金，金克木。木生火，火生土，土生金，金生水，水生木。生中克，克中生，看何方何，星属何星？旺是的地。砂之形，穴之应。勿失真，认而认。宜立堆，宜作坪。论生克，讨分明；宜开池，宜筑垠，论制化，俱有验。化凶吉，随龙神。妙中妙，心中明。喝砂形，随时见。是何方，则何荫。

论　水

　　聚水法，要到堂。第一水，元辰方，食母乳，养孩婴；第二水，怀中方，食堂馔，会养生；第三水，中堂中，积钱谷，家计隆；第四水，龙神方；广田宅，太官方。水口山，论远近。龙长短，此正应。识大小，辨逆顺。

何以分，来者是；何以合，止者是。堂中受，瓮中贮。

欲识龙，在识水；欲识水，在识中。识得中，逆之中。

水近穴，须梭织。到穴前，须环曲。既过穴，又梭织。若此水，水之吉。与龙逆，与穴逆，与砂逆，水之得。

山趋东，水自西；水趋东，山自西。山返转，水如如；水返转，山如如。皆真逆，见莫拘。两水合，无逆局，穴亦非。

看水城，转何处。论得穴，此足据。山坐北，面向南；水自西，趋而东。转而北，北有地。何以故？水之抱。抱在北，气斯聚。宜融结，类而推，穴易得。

有捍门，守御固；有罗星，纽会全。为剑戟，为旗橥，为车马，为狮象，为鹅雁，为凤鸾。看二星，论头尾。高与低，穴之据。

观紧慢，知有无；观形势，知大小。

寻龙门，点穴户。水口密，下砂顾。

龙若任，冰口狭；若不住，便宽阔。见怪形，论得水。

五龙落，四水聚。真血脉，真生气。

洋潮汪汪，水格之富；湾环曲折，水格之贵。直流直去，下贱无比。有形与穴克的，穴小水大的，穿破堂局的，穴前割脚的，过穴反背的，尖射穴的，皆从凶论。

寻龙认气，认气尝水，其色碧，其味甘，其气香，主上贵；其色白，其味清，其气温，主中贵；其色淡，其味辛，其气烈，主下贵。若酸涩，若发酸，不足论。

水为朱雀，亦是贵局。有声为凶，无声为吉。咚咚可取，最忌悲泣。

论水远近，当山高低，加减之则此亦可推。或绕穴后，或绕左右，皆为吉地。面前水法，尤宜精细。水口重重，将相之关。山谷水口，倍加结礴。平阳水口，势自停纡。外海洋潮，胜于交织。水口虽阔，纳水之域。或无朝山，真水无山；或无朝水，真山错环。左右交牙，气聚其间。

山应稍迟，水应神速。山行益后，水行益前。大约世数，不过十步。若问祸福，断在何方？古水乘舟，决水量地。阳脉几尺？阴脉几尺？要知水法，元情空色。何为三阳？巽、丙及丁。震、庚、艮、亥，辛、巳、壬方，水法之吉，嗣以凶详。

上、中、下格，还看龙神。龙贱水贵，亦非全吉；水贱龙贵，也堪从革。

论明堂

善知识，吾语汝，明堂法。明堂里，会神仙。识明堂，穴可扦。

小明堂，穴前是；中明堂，龙虎里；大明堂，案内是。此三堂，聚四水。水上堂，穴即是。低平洼，方是处。要藏风，要聚气，良可喜。气不聚，空坦夷。其中最重，惟中明堂。锁结要备，纽会要全。山脚田岑，关插重重，气不走泄，福自兴隆。堂内聚水，名蓄内气。洁净为佳，塞块为病。增高就卑，谬妄自若，恣意穿凿，伤残真气，反惹祸基。堂之广狭，随龙长短。龙远堂宽，斯为正法；龙近堂小，形势乃宜。山谷宽好，平阳狭作。宜狭而宽，便为旷野。当宽而狭，真气不发。宽不至旷，狭不至逼，斯名全吉。或堂中窟坑，堂中壅塞，山摧岸落，四面不足，山脚射身，倾斜崩陷，皆堂病也。其势四平，高下分明。中低傍起，屈曲回环，横得好，直得好，圆得好，方得好，匾得好，皆好相也。

忌有土山，忌有巨石，忌有土堆，忌长荆棘，忌作亭台，忌多种植。天光下照，吉水长流。看水聚左，看水聚右，看水聚中。凭兹论课，取用最灵。既明堂局，要识堂气。一白好，五黄好，六白好，八白好，九紫好，此为五吉。又忌四凶：二黑宜忌，三碧宜忌，四绿宜忌，七赤宜忌。

放水去，放水来；宜倒左，宜倒右。要合法，勿妄裁。

论阳宅

论阳宅，理无二。但穴法，分险易。势来趋，亦可居；势若止，须坦夷。起楼台，立亭院，俱有法，非虚语。

木之星，金之星，土之星，作居宅，子孙兴。火之星，为龙神。须博换，乃可扦；水之星，须止聚，和土针，水口固，财星临，明堂阔，更坦平，路要环，水要缠。门中正，家道成。看城居，论入局。论明堂，论水曲，论卑高，论广狭，论门庭，论比屋。虎忌冲，龙忌压；反巷伤，楼台杀；天井深，天井㨄；岑太高，岑太促；入首来，覆金局；逢土安，逢木发；水则倾，火则覆。细推详，毋恍惚。看乡居，论胎息，论阴阳，论缓急，论浮沉，论起伏，论龙虎，论缠托，论朝案，论城郭，论水口，论八国。明饶减，乃架屋；妄增高，恣穿凿；伤龙神，消己福。路从水，门从木；精水位，详作法。

论平地

语汝高山法，平地亦可猜。看坐立，知高山；看睡卧，知平地。龙与砂，水与堂，原无二。起一起，便是山；低一低，便是水；开一开，便是钳。正仰面，此作穴。脚在上，顶在下；后坐顶，前对乳，傍开㨙，合星辰。形体真，勿妄扦。陇中形，得支性；支中形，得陇性。急中取，缓中裁，毋妄猜。支扦顶，顶留巇；陇葬足，足留趾。论五星，分位分，细劳神。

风水字，要分明。得水处，便藏风。水之来，风之去。地户闭，天门开。知其诀，登仙台。

天下道理，阴阳五行。阴阳五行，不离一圈。这一圈者，生死之窍。天地之间，有小的圈，有大的圈。识得此圈，处处皆圈。偈曰："白玉团团一个圈，乾旋坤转任自然。能知圈内四般趣，便是人间行地仙。"

此祖师见理之精也，心法之妙也。绎此数言，天下道理尽在是矣。曹仙[①]赞曰："我师妙诀，千载心传。云依日月，水满山川。阴阳无始，天地无边。开门一笑，满目真元。"

厉仙[②]赞曰："不见先生面，雅闻先生诀。大哉我曹师，千载传真法。"

---

① 名槩。
② 名伯韶。

劉基堪輿漫興

漢碑集聯大觀

刘基堪舆漫兴

山祖

昆仑山祖势高雄,三大行龙南北中。
分布九州多态度,精粗美恶产穷通。

水源

南海长江鸭绿江,黄河四路水汪汪。
界来三干分南北,消息机关在此藏。

北龙

北龙结地最为佳,万顷山峰入望赊。
鸭绿黄河前后抱,金台千古帝王家。

中龙

中龙尊贵孰堪伦,水绕山环四海均。
我祖祖陵锤厥秀,须知昭代万年春。

南龙

南龙一干亦多奇,当代高皇始帝之。
惟有金陵称胜概,高祖下作上天梯。

枝干

寻龙枝干要分明,枝干之中别重轻。
欲识真枝与真干,短长界水得其情。

干龙

天马行空气象尊，千军拥护度乡村。
前头门户有关闭，立郡迁都子又孙。

枝龙

擘脉分枝三两行，到头结作细参详。
直须辨别非桡棹，此地于人亦小康。

支龙

葬山支要旁烛，支葬其巅巇葬簏。
巇宜还伏支宜生，病巇死支莫驻足。

巇龙

巇龙行度势猛烈，脱煞就堂方是结。
时人不识撞其毯，下后令人宗嗣绝。

支龙

支龙平地欠峰峦，眠倒星辰竖起看。
界水不明还是假，模糊星散不须安。

旁正

出身共此祖和宗，旁正详观自不同。
正结至尊如帝座，旁虽有穴欠全功。

粗嫩

粗中抽出嫩为佳，嫩可安坟老却差。
又有尽头名曰老，莫教一例断荣华。

长短

随龙长短辨低昂，龙若长兮福亦长。
一节有情一节好，短长节数任端详。

真假

真龙穿帐必中央，虚假模糊似破裳。
过峡还当观护送，有迎无送亦非良。

贵贱

分龙贵贱有蓍龟，贵贱攸分在动移。
贵格星峰多振作，贱龙懒散欠施为。

祖山

龙楼宝殿势难攀，此处名为太祖山。
若祖端方孙必贵，亦须剥换看波澜。

少祖

近穴名为少祖山，此山凶吉最相关。
开睁展翅为祥瑞，低小孤单力必悭。

父母

问君何者为父母，穴后峨峨耸一山。
前后相生不相克，儿孙赴举不空还。

胎息

胎息之山一线长，万钧之力此中藏。
苟非束气何能结，漫散无收定不祥。

孕育

山家孕育是何形，不外峦头看化生。
有格有形方可取，入眸须得一团清。

到头可迁来龙略次

娶妇惟求工德容，外家安得尽丰隆。
婚缘若也能相协，奁赠虽微福在中。

出身

辞楼下殿向前行，弃甲曳兵身始清。
臃肿牵连无跌断，家资虽有亦须倾。

剥换

行龙剥换金宜土，若见火罗灾必来。
两臂展开有水救，阴阳相济亦奇哉。

龙过峡

过峡风吹不可当，尤嫌硬直大而长。
两边护送如周密，前面须知有栋梁。

枝脚

枝脚反背龙必假，枝脚归缠龙必真。
不知其父观其子，不知其君观其臣。

梧桐枝

上格行龙梧桐枝，枝分两翼各相随。
骨肉一家无剥杂，出人忠孝似皋夔。

芍药枝

中格行龙芍药枝，两边长短有参差。
嶂空补缺能包穴，此地人间亦白眉。

蒹葭叶

龙行下格蒹葭叶，枝叶虽偏左右均。
莫作寻常轻易看，亦能发福力千钧。

杨柳枝

手脚偏枯杨柳枝，边无边有未为奇。
葬来定是亏公位，别地须当品搭之。

无枝脚

龙身活动似生蛇，仙带芦鞭总一家。
若出三台屏帐下，状元及第万人夸。

护送

行龙护送要推详，护送愈多福愈长。
若得随龙并顾穴，儿孙行庆福无疆。

驻跸

行龙暂止为驻跸，驻跸之山看出枝。
旁正精粗由此见，前头结作不差厘。

行止

龙行龙止易为窥，龙若行时山水飞。
止处浑如人坐卧，山环水抱两相宜。

分劈

分枝擘脉龙之常，分擘若多非吉祥。
苟能逆转为吾用，反见儿孙福泽长。

背面

龙分背面有何征，面可安坟背不成。
若是背时多陡岸，面生窝突更宽平。

宾主

两山相对为宾主，宾要有情主要真。
主若欹斜宾不顾，定知此地欠缘因。

奴从

融结真兮将坐营，前后左右拥千兵。
一呼百诺真堪爱，此结方知是大成。

余气

腰结从来有大地，何须二水尽交流。
世间多少寻龙者，余气都将作尽头。

一势

山巃平冈平地势，三般形势一般看。
龙宜起伏冈宜活，平地草蛇顶上安。

三落

龙分三落初中末，初落惟看逆案横。
中为腰结宜环抱，末处须防水势倾。

生龙

重重起伏最为奇，屈曲之元东更西。
好似龙行并凤舞，还如鱼跃及鸢飞。

死龙

粗顽臃肿欠高低，摆折全无莫作为。
倒地恰如鱼失水，藏山真若木无枝。

强龙

出林猛虎爪牙棱，入海苍龙力势弘。
前去若能成口穴，人家富贵骤然兴。

弱龙

瘦牛倒地露筋骨，野鹤无粮脱羽毛。
不审妍媸如误下，伶仃孤寡一鹪鹩。

顺龙

开睁对对贴身后，布曜双双绕穴前。
父子一堂慈更孝，孙枝满眼顺而贤。

逆龙

星峰逆转无来意，桡棹斜飞不顾坟。
反目夫妻家罔正，阋墙兄弟义何存。

进龙

穴后相看节节高，犹如天马下云霄。
子承于父孙承祖，世代居官挂紫袍。

退龙

穴后一重低一重，此地须知是退龙。
纵有穴情只一代，儿孙不久便贫穷。

福龙

福龙赖有祖宗好，左右周围辏集来。
体势纵非真正结，盘桓安静亦堪裁。

病龙

病龙慵懒不堪言，边死边生力欠完。
锄破崩残同一断，纵然成地亦孤寒。

劫龙

旁正不明无分别，东牵西拽总模糊。
时师无识空谈穴，笑杀人间几丈夫。

杀龙

棱棱杀气石嵯峨，脱杀全无尖射多。
不独强梁并凶恶，还须入室见操戈。

出脉

飞鹅降势脉居中，细细微微吉气锺。
若出两边左右角，一官虽贵却无终。

直龙入首

串珠接气直撞来，力冠三军十倍才。
结作定知裀褥大，朝贫暮富莫疑猜。

横龙入首

横龙鬼乐不离身，鬼乐俱无穴不真。
但得一般堪结地，亦须坐下看精神。

飞龙入首

飞龙入首最堪夸，声势掀天清贵家。
四应有情来揖冢，水城须见石交牙。

潜龙入首

潜结毫厘不可差，细看灰线草中蛇。
禾鏊口肉皆堪葬，务要钳中不侧斜。

闪龙入首

直龙直受理之常，闪落谁知结一傍。
不特下砂看逆转，还须端正问明堂。

金星

金星形体净而圆，弓起浑如月半边。
秀丽笃生忠义士，高雄威武掌兵权。

木星

木星身耸万人惊，倒地人看一树横。
有水令人身贵显，欹斜不正反遭刑。

水星

涨天水星浪交加，或落平洋曲似蛇。
智巧聪明多度量，荡然无制败人家。

火星

火星作祖似莲花,贪巨相承宰相家。
只有开红堪作穴,亦须平地出萌芽。

土星

土星高大厚而端,牛背屏风总一般。
若在后龙兼照穴,兄弟父子并为官。

五星

火南水北木居东,西有金星土在中。
此谓五星来聚讲,天壤正气福无穷。

正受穴

迢迢特至为正受,正受之穴世罕有。
万水千山结我坟,儿孙庆泽天壤久。

分受穴

一枝臂上脱形来,亦有规模堪剪裁。
莫谓分龙为小结,小以成小有余财。

旁受穴

问君何者为旁受,正受龙身气脉洪。
或在两边龙虎上,或于官鬼护缠中。

太阳

高耸金星号太阳,或生两翅绕身傍。
窝钳之处裁真穴,一品公卿佐庙堂。

太阴

弓脚金星号太阴，形如半月穴宜寻。
江湖池沼来相应，女作椒房夸太妊。

金水

金星重叠二而三，动处名为金水涵。
斗口窝中莫放过，其家兴发百斯男。

木星

木星直落下三停，深浅高低看内城。
横倒木星何处下，节包之上有情真。

天财

天财金水土金分，坳土横安蜴蛎论。
更有猪腰窝里下，攀鞍出乳乳头尊。

孤曜

金头木脚为孤曜，上克下兮何足妙。
不惟世代换头妻，更至单传子息少。

燥火

问君燥火果如何，有角有棱似刃戈。
若非曜星出武职，穴临其上受灾磨。

扫荡

扫荡星辰人共弃，全身是水金不至。
水无金镇必漂流，淫荡儿孙退家讨。

总论

九星识破莫言精,变态千般无定名。
惟有窝钳并乳突,不拘形状尽依凭。

窝穴

龙身阳结为窝穴,葬法须知浅则宜。
阔狭浅深如合格,一家饱暖定无疑。

假窝

假窝有穴不堪扦,懒坦空亡缺一边。
若见漏漕并破陷,令人夭折退牛田。

钳穴

本身有手为钳穴,直曲短长要抱湾。
虎口推开安正脑,仙宫逆转即天关。

假钳

元辰倾泻田须卖,贯顶有漕人不留。
桡棹假钳仔细认,莫教误下令人愁。

乳穴

阳来阴受为乳穴,乳穴粘毬法葬深。
两臂护来无坳缺,儿孙满眼玉森森。

假乳

问君何者为假乳,剑脊烟包脚带斜。
峻急峻嶒人半个,粗顽臃肿祸三年。

突穴

山中有突少人知，若在平洋突更奇。
山谷藏风顶上葬，平洋看水定高低。

假突

玉印金鱼绿水滨，生来奇异掌中珍。
谁知无意贪融结，只为他人作用神。

朝山征穴

大都捉穴有明征，穴好朝山分外清。
若使面前无真对，纵然有结力惟轻。

明堂

休嗟穴法苦难寻，指汝迷途抵万金。
端正有堂不偏侧，其间便是定盘针。

水势

点穴先须看水源，水缠原即是山缠。
左边湾抱穴居左，右若有情在右边。

乐山

乐山托穴莫相离，如库如屏法最奇。
惟有横龙全在乐，乐山不到穴无依。

鬼星

横龙结穴必赖鬼，鬼若长兮泄我气。
横龙无鬼必虚花，纵有穴情非吉利。

龙虎

龙虎证穴要相均，湾抱有情即脱贫。
左右高时高处下，左右低时低处真。

缠护

大地还须看护缠，护缠抱穴福无边。
漏胎孤露必为假，此理能明值万钱。

裀褥

真龙结穴有余气，如席如毡长更圆。
余气若无成陡坎，儿孙安得寿长年。

天心十道

天心十道还谁识，后靠前亲夹耳山。
四面有情来照穴，定知有贵拜龙颜。

分合

上面无分气不来，下头无合不成胎。
有分有合斯为美，无合无分难取裁。

粗恶

粗恶之山雄更丑，出入凶狠性非良。
后前左右须回避，若见冲心主杀伤。

峻急

立穴藏金贯坦夷，本山峻急岂能为。
凿之立见遭兵火，斗煞还须父失儿。

臃肿

臃肿何以称弃才，窝钳头面不曾开。
若教误下金刚腹，坐见人家不测来。

虚耗

润而不泽为真土，锄艺惟忻实更坚。
若见鼠蛇来出入，定知虚耗气无全。

凹缺

穴法当头怕坳风，坳风吹穴祸来攻。
左宫拗动先妨长，右畔风吹小子穷。

瘦削

山形瘦削不须窥，瘦削之山气力痿。
虽有窝钳似堪葬，亦须贫苦受仳离。

突露

孤峰独立无跟从，似此名为突露山。
只好庵堂并道观，俗人得此寡而鳏。

破面

峦头端正始为良，锄破崩开真气伤。
不独家财招耗散，还须骨肉见参商。

疙头

石砂错杂无真土，疏草黄茅枯更焦。
此谓疙头欠元气，纵然小可不坚牢。

散漫

问君何者为散漫，阔荡无收并懒坦。
不惟冷退败其家，白蚁哀哉生棺板。

单寒

独巏孤山不可安，安之定见嗣艰难。
杨公一句真堪记，龙怕孤单穴怕寒。

幽冷

天门幽暗风无入，地脉寒凉暑不攻。
只好养尸长不朽，儿孙零落绝其宗。

尖细

葬山最喜是宽平，尖细何曾有正形。
土厚气全力始大，枪头鼠尾岂能成。

荡软

有山束聚斯为美，懒散无收总不宜。
似此规模为荡软，葬之泥水坏其尸。

顽硬

粗顽峻直何须取，急硬强梁不必求。
纵使四山皆合格，亦须初代有隐忧。

巉岩

气以土行石不葬，石为山骨欲其藏。
巉岩恶石临于穴，信是韩彭剑下亡。

陡泻

穴前余气爱从容，平缓坦夷福气隆。
壁立牵牛难作冢，纵然有结早年凶。

高穴

拥起群峰百里高，花心一穴最英豪。
或为禁穴千山伏，或出王侯诸水朝。

低穴

低穴人间识者稀，草蛇灰线落深泥。
模糊散乱名为假，略求分明始可为。

本身龙虎

龙虎生自本身臂，此格推来最清贵。
湾抱如弓有捍卫，读书却遂冲天志。

外山龙虎

外山龙虎为假合，穴若真兮亦振作。
吉凶祸福一段看，还主过房堪付托。

单提龙虎

边无边有号单提，谁知相谈公位亏。
苟得逆关收众煞，房房有子贵而奇。

龙虎和睦

问君龙虎何为上，降伏均和并逊让。
似此名为和睦砂，出人忠孝家兴旺。

龙虎佩带

印笏牙刀肘上生，还如带剑拥千兵。
排衙对对开堂局，富贵英豪人所称。

龙虎凶类

两砂争斗宅难和，若见推车退败多。
折臂露风人死绝，斜飞反背定操戈。
粗雄瘦弱皆非善，短缩长尖总不良。
摆面摇头何足取，擎拳拭泪大难当。

案山

面前有案值千金，远喜齐眉近应心。
案若不来为旷荡，中房破败祸相侵。
案山最喜是三台，玉几横琴亦壮哉。
笔架眠弓并席帽，凤凰池上锦衣回。
案山虽有亦嫌粗，臃肿斜飞不若无。
压穴巉岩并丑恶，出人凶狠更顽愚。
案山顺水本非良，过穴湾环大吉昌。
若有外砂来接应，举人榜上姓名香。
外山作案亦堪求，关抱元辰气不流。
纵有穴情无近案，中房颠沛走他州。

朝山

点穴先须要识朝，朝山不识术非高。
纵有真龙朝对恶，亦须凶报不相饶。
莫把朝山孟浪吟，古人有诀可追寻。
真龙藏幸穴何处，惟有朝山识幸心。
朝若真兮穴亦真，朝山不贵席无珍。
真朝真对穴前美，有子青年观国宾。

特朝山

两水夹来为特朝，朝山此格最清高。
尖秀方圆当面起，子孙将相玉横腰。

横朝山

其次还求横朝山，横开帐幔于其间。
或作排衙并唱喏，亦须情意两相关。

伪朝山

伪朝之山形不一，过我门兮不入室。
翻身侧面向他人，空使有凶而无吉。

论平原无朝案

平原看局取回环，高一寸兮即是山。
但得水缠看下手，窝钳乳突是元关。

朝山拱案

莫将暗拱作寻常，明暗之山一样详。
尖秀若居堂局外，离乡有子辅明王。

前朝重叠

一重高了一重高，奕世为官挂紫袍。
若见乱萝倒谷状，家资巨万比朱陶。

前朝孤独

前山孤独不须忧，高耸尖圆万户侯。
侧面低头贫如洗，斜飞破碎败如流。

下关砂

堪舆吃紧下关砂，发旺人财总是他。
若使下砂无气力，诸山如画亦虚花。

水口砂

入山口诀有水口，水口有关地可寻。
忽见禽鱼游水面，定知有穴在花心。
水口之山形不齐，龟蛇狮象总云奇。
捍门华表清还贵，更有罗星是福基。

官星

案山背后有官星，或是官襕拜舞形。
此物出官为最速，儿孙当代谒明廷。

曜星

真龙余气生肘后，或见尖长贵似银。
虎有爪牙威始壮，龙无焰角物非神。

明堂之义

明堂食邑宜宽广，诸水朝来富可知。
更爱湾环并方正，还期交锁及平夷。

明堂之恶

明堂最怕形势长，又怕有枪刺穴场。
去水卷帘财自散，观天坐井嗣难昌。

论山水要适均

寻龙山水要兼该，山旺人丁水旺财。
只见山峰不见水，名为孤寡不成胎。

潮水

翻身作穴有洋潮，水若潮兮穴要高。
直射无遮生祸患，之元屈曲产英豪。

横水

横水无劳分左右，但须下臂有关拦。
上砂短缩不随水，福泽房房稳似山。

聚水

穴临池沼最为宜，此穴须知世上稀。
苟得真龙并穴正，黄金满室有何宜。

顺水

顺水之龙穴要低，有砂交锁始堪为。
面前若见滔滔去，纵是龙真罹祸危。

无水

干窝结穴水全无，天作明堂驷马车。
四兽平和生温饱，三阳逼窄主囹圄。

近穴泉水之美

清涟甘美味非常，此谓嘉泉龙脉长。
春不盈兮秋不涸，于兹最好觅佳藏。

近穴泉水之恶

冷浆之气味惟腥，有如汤热又沸腾。
混浊赤红皆不吉，时师空自下罗经。

论水形势之善

卫身绕背福悠长，腰带鸣珂皆吉祥。
更有入怀并苍板，田连阡陌富家郎。

以水为城

或问行龙何以止，惟看水界穴斯成。
千形万态将为断，曲直尖圆配五行。

金城水

金城湾曲抱吾身，如月如弓产凤麟。
若是反弓不揖冢，石崇豪富亦须贫。

木城水

江流长直形如木，射穴冲心人不安。
横过尤嫌情绪懒，斜飞焉可穴前看。

水城水

之元屈曲似生蛇，当面朝来官者麻。
去水之元皆可取，但须水口不容槎。

火城水

火城之水是何形，斗角尖斜火焰生。
交剑捋须无二样，军徒瘟火事无停。

土城水

棋盘局面土成水，过穴朝来在一边。
若见下砂有接应，大淳小疵亦堪扦。

要领

堪舆要领不难知，后要冈兮前要溪。
穴不受风堂局正，诸般挂例不须疑。
诸般卦例不须疑，穴正龙真便可为。
水不须关有案拱，绵绵瓜瓞与人期。

胡矮仙至寶經

胡矮仙至宝经

三十章

名标至宝，价值千金。

正折有方，强弱之情须辨。

葬口有法，明暗之体当分。

首观四应证佐，内别真情。

次辨十字送来，中分出煞。

水抱尖圆，定两边之明暗。

棺挨左右，借二气之吸嘘。

其有不分强弱，正宫拂顶，为一路同行。

或只取于厚薄，出死挨生，折三叉两片。

双脉求短小，股须分葬口三叉。

单脉论化生，头仍看鸡迹两片。

贴脊有聚气，死肉入彼毬檐。

窝钳分散气，生肌待其蓄注。

平洋高低，放送定有合水分金。

左右顺逆，生来此是随龙出脉。

斜倚对交会、向坐逼元武，为横圹转柴。

曲脉按动处、尖圆差入路，则斧头翻斗。

独阴无合襟不葬，孤阳无送水难扦。

下合上分，自是阴阳交济。

有分无合，谁识雌雄失经。

露而不隐，应一合以乘胎。

潜而弗彰，实二交而受息。

阴脉到三叉，性急不接，斗以何妨。

阳脉隔三尺，气慢不来，入而无害。

蛮肤认虾须，单股横荫微茫。

硬面出柑脱，朗梳直流登对。

水穴自论正仄，聚檐必有人中。立表最要端详，下面可无出匣。

大约浅深，交水为度。

斜正顺逆，像脉而裁。

两边绳路要完齐，数句真机宜秘密。勉尔宝之，非人勿示。

謝和卿神寶經

谢和卿神宝经

总论[①]

皇天本无二道，下民眩惑于多岐；圣人安有两心，末学浸淫于别派。

地理生成于天，发挥于圣，一而已矣。末学失传，浸淫别派，而有卦例等项之说。下民眩惑，莫知适从，此《神宝经》，所以作也。

尝观择地之要，必当明理为先。故知旁道支离，遂使正宗湮没。或用针盘而定向坐，或执卦例而谈吉凶，何殊胶柱调弦、刻舟求剑？承讹接舛，析绪分端。

此书专言作穴之法。穴之尖圆、向坐，天生一定，不可强为。此正理也。不明正理而用针盘、卦例以定向坐、谈吉凶，多方揣摩，皆旁道支离，讹舛非一日矣。此书拔本塞源而救其弊，故言之剀切如此。若倒杖定穴之后，方用针盘格其方位、以备造葬选择，则可。

今欲统三才而返于一元，合二气而归于太极。著为妙诀，令达士见之心开；泄尽天机，使邪术闻之胆裂。卜其宅兆，宜尔室家。副仁人孝子之用心，俾后嗣先宗而共永。术能易得，道不虚行。山灵妒此书之存，须防六丁下取神物。恐斯道之失，岂无万圣同呵？理实有之，言岂诬矣？

此经发泄造化生成之妙，故山灵妒焉。然圣神恐地理失传，定然护持不令泯绝。

或谓山冤无口诉求，生气凝结恐难凭。岂知人智有眼，观验土色丰腴而可证。

生气凝结，此穴也。观验自有智术，岂待山灵口诉？土色解见下文。

石山偏宜土穴，冲和定见红黄；

石山非土穴不扦。其土必红黄，乃冲和之气。

[①] 吴鹏句解。

石穴出自土山，温润仍分紫白。

土山石穴，其石必色紫白而质温润，乃吉；如坚硬顽石，凶矣。

也有石山石穴，必须柔脆可锄；

柔脆即温润。

能无土穴土山，但取精强为美。

土不宜太润。

土穴似土而非土，纹理紧密；

即精强之谓。

石穴似石而非石，颜色鲜明。

即柔脆之谓。

此为柔里钻坚，韧中点脆。

承上文石、土二穴言。

支龙多生小石，剖之必有异纹。

即土山石穴，其石必有异纹乃贵。

垄穴或出平尖，锄之要无烟墨。

即石山土穴，其土必细嫩可锄。此见顽粗之石飞烟迸火者，则凶。平尖即葬口。

是故顽硬者，生气不蓄；松散者，真阳不居。

穴内土贵冲和，既不要顽硬，又不要松散。真阳者，生气也。

舌尖堪下莫伤唇，

伤唇则太卑，失穴。

齿罅可扦休近骨。

近骨则太高，伤龙。

鸡胸切玉，须明老嫩交襟。

阴脊来如鸡胸，不可阴来阴作。老嫩即阴阳交襟，乃界水。

鸠尾裁肪，要识刚柔界限。

平阳地如鸠尾，不可阳来阳作。刚柔亦阴阳界限，即交襟。说理须明，又在眼力。不然，明是阳而指为阴，明是阴而指为阳，虽熟诵此经何益？

既已明其的当，可无裁剪之能？倘然作用参差，难致和平之福。毫厘之谬，如隔万山；尺寸之违，便同千里。

裁剪、作用俱是穴法，详见下文。

阳舒阴惨，义须谨于吸嘘；

阳作必借阴气一吸，阴作必借阳气一嘘。即阴来阳作、阳来阴作之义，若阳来阳受者，则见祸舒徐；若阴来阴受者，则见祸惨急。

夫弱妇强，法当严于正架。

夫弱，阳也，法宜正毬；妇强，阴也，法宜架折。以正侧言。

覆掌仰掌，以别阴阳；明毬暗毬，以分强弱。

形如覆掌，阴也；如仰掌，阳也。阴来，明毬显然为强；阳来，暗毬隐然为弱。覆掌仰掌者，形也；正毬架折者，法也。皆承上文发明舒惨、吸嘘之义，非夫星家阴龙阳向、阳龙阴向之谓。

先施倒杖，次卓竖竿。

相穴先看阴阳强弱，倒杖以定之。次依倒杖所指，竖竿牵绳分其坐向。针盘、卦例俱不用。

三合三分，见穴土乘金之义；两片两翼，察相水印木之情。

乘金、相水、穴土、印木，此四穴法，载在郭氏《葬经》。必于三分、三合、两片、两翼中求之。解见下文。

灰中线之微茫，毡里毛之仿佛。

申言上文脉气微茫，仿佛如此，必须法眼详察乃得，岂卤莽可识？

左乘右接，须防翻斗斧头；

穴有宜左乘者，乘金也；有宜右接者，印木也。当左而右、当右而左，是斧头翻斗。

后缩前伸，切忌凿伤钗股。

后缩，吞葬也，穴土也。前伸，吐葬也，相水也。相水，穴在承浆部位，故曰：水伸缩，贵乎得宜，不可伤龙失穴，故曰：龙穴从来怕二伤。正此之谓。

双脉求短股。若情不顺，理合从权；

双脉求短，正法也。若情不在短，又当从权，作用不拘短股也。

挨生枕薄边。如义不然，义当变法。

挨生枕薄，正法也。如情不在薄，又当变法。作用大抵相地在相其情意所钟而已。贵在通融，岂宜拘执？

仍观上下之分龙滴水、向背之接气迎堂。

上之分龙，下之滴水；后之接气，前之迎堂，此又变法中之不可变、从权中之不可移者也。

十字天心，匪夫妇不配之十字。

穴法有天心十字，乃四应之至中是也。龙法又有不配十字，乃夫妇同行。刘江东曰：夫妇同行一路收，阴阳不配两边流。水分十字扦须架，若也无分只枕毡。非此之谓。

水抱尖圆，多错认作穴前界土；气分互换，常误称为坐下交襟。

此言气脉闪跌，行而未止。人不详察，见其水抱尖圆，遂错认作穴前界土、坐下交襟，而不审其气分左右互换前行也。其误甚矣。

故葬腹者，多伤胸；扦鼻者，竟凿脑。

承上文。惟其错误以致扦葬太高而伤龙。

上下台盘，角阴来阳，受为凭；

台盘，角阴也。

前后铁锹，唇阳脉阴，扦是准。

铁锹，唇阳也。

上鳌下角者为弱，上角下鳌者为强。

鳌形平正，喻阳弱；角形尖削，喻阴强。俱上来者为主。

盖阴阳之分，乃有前、缩之异。

阴宜前，阳宜缩，即吞吐也。

仍审隆鬣察脉之法，此为平、坡拟穴之规。

隆鬣，脉行分水脊也。察此脉气阳耶、阴耶，此平洋龙、高坡龙拟穴一定之规。

孤阳无分，或穴正，可接脉而界流；

孤阳之地，下有合水，上无分水。倘或中有正穴，不可弃也。于来脉处培土接之，分界其水，使两边而流。

寡阴无合，倘龙真，但凿池而会气。

寡阴之地，上有分水，下无合水。倘龙气果真，不可弃也。于脉止处凿池，合其水而会其气。盖地理或然不可一途而取，然非龙真穴正，安可强哉？此又不可不知。

阴脉理宜凑入奈性急，亦宜避煞而扦；阳龙义合避檐缘性宽，只得斗毬而下。

明葬法或前或缩者以此。

生龟尾，急去则伤龙；

龟尾，阴也，穴不宜急凑。

死鳖背，平扦则伤穴。

鳖背，阳也，穴不宜平缓。

窝穴宜深更宜浅，天机切要心明；乳穴宜下又宜高，秘诀全凭眼力。

窝穴，阳也，阳坦夷宜深，又有宜浅者。乳穴，阴也。阴避煞宜下，又有宜高者。天机元自活泼，在人心眼通明。

阴龙性急，自然无拂顶之堂；阳脉性宽，亦或有穿耳之局。

阴龙决要架折。阳脉虽性宽，亦或用架折。而穿耳者曰堂、曰局，天生一定坐向，非人所强也。

或也法当倚撞，倘焉情在；盖粘理合，凑急粘宽。不烦人力，义当挨生出死，总合天然。

穴有盖、粘、倚、撞四法。四法者，上、中、下、左右也。统言之，不过一止字耳。或凑急、或粘宽、或挨生出死，何往而非止，皆合天然、不烦人力。见此经之不强作也。

月角龟肩，多向偏中求正；

月之角，龟之肩，穴在偏旁。然偏中多有正处。多者，未必尽然之词。

竹篙枪竿，定从险里求安。

形如竹篙、枪竿，险矣。定，寻安处作穴；安，乃妥平处。定者，一定不移也。

或堂长而脱杀水中，倘局顺而情归正处。

或堂长则水当面直流，此流泥杀也。看取龙虎何边有情趋吉，横侧作穴，以脱去水中之杀，故云脱。倘局顺而正不容侧作者，情归正处作穴，堂长只得任之，惟获福稍迟耳。

凿蛇头者，神死；破蟹壳者，伤黄。故多下于两眸，或只扦于七寸。若使神在王字、气聚沫中，何妨触类行权，随机应变。

作穴以神气钟聚为据。蛇形固忌凿头，倘神在头王字上，又宜行权应变；蟹形固忌破壳，倘气聚壳沫中，亦然。

学者当精于格物、审于致知。一理才通，皎若秋空之月；万疑顿释，涣如春冶之冰。体用充周，显微洞贯。存之在我，应之在彼。妙夺神功，知窥天巧。

地学只是一个理字。

不问阴阳向坐，板脚定对蛤尖。

不问阴作、阳作、坐某、向某，棺之板脚定对蛤尖，即合襟处，此倒杖法也。

要知深浅高低，穴底但平涡里。

以一合、二合水定浅深。

合襟气会垄乳，得之至沉；寿带水交支皮，用兮伤浅。

穴底浅深，虽平涡里，又有垄乳、支皮不同。垄乳，高阜龙也；支皮，平阳龙也。合襟、寿带，即一合、二合之水，所云涡里也。垄乳之穴若平，合襟则深而至沉矣；支皮之穴若平，寿带则太伤浅矣。又当别有斟酌。

浅深交度，当思泄去之基；

泄去，即一合二合水穴，不可深于合水，故曰当思。

高下乘生，必有妥平之口。

穴或高或下，必乘生气。凡生气之处，必有妥平葬口，即是放棺之处。必有者，天生自然也。

或年深积流而无据，或岁久戕贼而难凭。切要精详，毋事卤莽。

承上文板脚、蛤尖、穴底、窝里、合襟、寿带、泄去之基、妥平之口而言。

别有龙藏水底，穴隐石间。穷变化之难量，岂愚夫之可测？

水底必须道眼，石间贵得明师。

贴脊平头脉短，故当插入而扦；

横龙穴居贴脊，头平不起，其脉短也。下棺当插入以接其气。是故横担横落，无龙须下有龙。

窝钳起顶气长，拟用粘宽而下。

窝钳穴上面起顶，而来其气长也。下棺粘宽，不可斗脉，是故直送直奔，有气要安无气。

上分有脊脊垄成个字，见脉路之分明；下合有涡，涡现作三叉，验堂情之的确。

脉行则水上分，如个字之形；无此不见脉路分明。脉止则水下合而成涡，如叉之交会；无此不验堂情的确。堂，小明堂也。

朱雀未正，情合取于局之停匀；

朱雀，案也。案未正，以龙虎左右局停匀取用之。

元武垂长，法当求其脉之止会。

气止水交，脉之止会处为穴。

是以左来者穴居右畔，右来者坟在左边。

来者，向我而来，谓砂水也。砂水情意，来向在左，则立穴右畔以迎之。曰穴居右畔，以砂水左来而知之也。既来向，必其拱护在此，故知穴当在右。右来者亦然。

若还正到长来，却去中心正下。

砂水情意不在左、不在右。案山端拱，龙势迢迢，此正到长来也。穴居中心正下。

逆中取顺者，因脉逆转而求；顺中取逆者，因脉顺流而出。

顺、逆只是阴、阳二字别名。三阳从地起为逆，三阴自天降为顺。阳脉为逆，阴脉为顺；与他处顺逆又不同。

顺中取逆，谓之饶龙。逆中取顺，谓之减虎。

右来左受穴，故曰取逆；左来右受穴，故曰取顺。

左来右下，全凭右臂拦龙；右到左扦，必借左砂关虎。

关、拦俱谓下砂。左来右下，即上文穴居右畔之云；右到左扦，即上文坟在左边之云。

是以门户渗漏者气散，

关、拦不合法，水口旷荡，故真气随之而散。

墙垣凹陷者风寒。

垣局不周全，龙虎断缺，故穴受风寒。

或损高而益低，或截长而补短。

龙真穴正，人力补其未备。

穴贪朝来之水，切防刺胁刳肠；

朝水吉地，无砂横拦刺刳为害。水贵屈曲有情也。

案求逼近之山，最忌压头障眼。

有近案，吉穴也；高而太迫，压障为害。

盖穴宜取高下，须求蝉翼分明。粘龙不怕低扦，必验虾须界合。低防失脉，高忌露风。

忌露风，故求蝉翼分明；防失脉，故验虾须界合。

空手锄头，见兄弟尊卑之分；

手把锄头，一前一后，如兄弟尊卑次第。龙虎相让如此。

临头割脚，知胞胎真假之情。

临头，上有分水也；割脚，下有合水也。分合中间乃有真穴，否则假矣。胞胎即穴也。

硬垄大肤，多是块然不结。

硬、大，无生气，不结地。

软肩弱颈，巧从侧处藏机，故有鼠子转皮，奇形借脉。

肩软颈弱活动有生气结穴多巧藏闪边侧如鼠子如转皮奇形借脉是也。

脉情不顺面前，慎弗贪峰宾礼。虽亲脚下，当防倒曳。

坐下脉情不对前峰，慎勿贪朝失穴。面前朝峰虽对，又防其峰脚顺水窜走也。不窜走乃是真朝，故曰：顶虽尖圆而可爱，脚必走窜而顾他。此之谓也。

斜到正扦取局，正来侧下迎堂。侧龙直下，但取交金；直脉侧扦，翻成横圹。

龙脉斜到，穴则正扦，但以两水交金为据；龙脉正来，穴则侧下迎堂，龙正穴侧，故曰翻成横圹。

穴凹必须平正，

穴落凹处必须凹处，平正不平正，乃界水耳，非真穴也，凹窝也。

背单但要乳长；

乳长则背单无妨；不长必要鬼托，否则仰瓦矣。

鬼还气以为奇，

鬼长能夺，我气若还。在后障风，在下塞水。为我用神，又自奇也。

劫有情而反吉。

劫去本分，我气若有。情环卫主，山反为吉也。鬼劫之龙，人所不喜。倘若还气，有情自结。垣局门户，亦奇吉而可用。此正解上文，亦一说。

后循脉气，休教丝线离针；前接堂情，无使夫妻反目。

作穴之法，内接生气、外接堂气而已。要接生气，必须后循来脉，不可斗、不可脱，如丝线穿针，勿令离也；要接堂气，必堂情与穴情相应如夫妇然，勿令反目。

屈曲但寻转变，高低切看来情。

龙脉自是屈曲而来，要细心寻他转变去处则得矣。来情有阴有阳，穴情高低看此以定。

水里人眠，勿使襟裾沾湿；

窝穴中必要乳突泡，谓之水里坐；如无，谓之水里眠。此乃金星开水窝之法。如无乳泡，就楞弦作穴，谓之藏头索气。否则，沾湿也。

壁间灯挂，莫令裀褥倾油。

高穴必要微窝，阳中要有少阴，纯阳则沾湿矣。阴中要有少阳，纯阴则油倾矣。地理来来往往，只要阴中阳、阳中阴，再无别说。

桥流水不流，为脉法之真机；

桥流，喻脉行也。水不流，两边界水不流过面前，合襟也。此脉行不止。看脉者，此其真机。

水过山不过，乃穴情之妙处。

水过，两水交过，合襟也。山不过，脉为水界，止而不行也。欲寻穴情，此其妙处。

逆水枪头之有力，顺流砂嘴之无情。

砂嘴如枪头逆水，则有力；顺水则无情。

顺砂过穴未言凶，尖杀藏锋反为吉。

又言砂之顺水，不可尽言无情。或环拦冲射之水，或过身横抱为案，又能藏锋不露尖杀，则不凶而反为文笔之吉矣。故云：过身者勿以顺嫌。

龙真穴的，始可论土色之精奇；

相地以龙穴为主，不真不的，纵土色精奇何益？故曰：土色次之。

堂舛砂讹，更莫问穴情之朕兆。

堂砂为穴证佐，又舛又讹，无穴可知，何必更言土色之美也。

水流生旺，但可用于砖头；

以方位论水流之生旺，此惟开沟砖上用之。若龙穴左右，只取水之屈曲、还顾有情而已，何论方位也。以见针盘卦例之不用也。

穴泥星辰，岂能移其板脚？

星辰，罗盘方位之星辰。今人泥此点穴，岂知生成之穴板脚定对蛤尖，岂星辰之所能移哉？

顺流扦平水，要堂局关锁以固真气；逆穴作高坟，宜龙虎开张以纳来情。

龙势顺结，扦穴不可太高。与水相平，仍要面前堂局关锁周密，使真气固而不散，最忌开张。龙势逆结，砂水来朝，当作高坟。及龙虎，亦要开张纳受来情，却嫌面前紧狭。

或为人之所同，不似我之所独。

独自享用砂水，不与人公共，方是真穴。此同不如独也。

背后卷空，仰瓦败自天来；

天财横结，须有鬼托。

面前反趯，斜飞气随形荡。

内有真穴，砂水自然抱护。反且斜焉，气荡可知。

星辰无化气，全凭融结之精神；

如上文所云，硬垄大肤，是无化气也。亦有流动可作穴处，必其融结极有精神，方可裁剪。若欠精神，又何凭焉？

作用有神功，要得裁剪之手段。变凶为吉，点铁成金。

点穴作用，得法自有神功，全在裁剪手段耳。有此手段，便可变凶为吉、点铁成金。非神功乎手段，即收山出煞、弃死挨生、接气迎堂、知止聚、识性情之类。上文句句皆是。

性穴万万般，虽有性形，而无性主；吉龙处处有，纵有吉地，而无吉人。是以好地常存于世间，良师罕遇于知己；售术贵乎观德，明珠恐有暗投；择友妙在知言，至宝无庸妄泄。此书在处，当有神物护持；后学得之，即是先师亲授。

玉元子天寶經

玉元子天宝经[①]

葬法第一

阴阳二路若能明，倒杖应须一葬成。
既识标竿深与浅，仍明后接与前迎。
接迎若误难为福，顺逆才差有废兴。
学者要明饶减法，常从脉路认真情。

葬法第二

看脉须从上看来，先分个字作根荄。
微微水路如灰线，瓹溜随龙两畔开。
送入穴中应有合，合时葬口自凹隈。
详观证应能分晓，倒杖何妨任剪裁。

葬法第三

阴从天降气非沉，阳气先应地下升。
仰掌窠囊知壮弱，覆拳脊硬欠和平。
急来缓处堪扦穴，脉缓宜从急处评。

[①] 玉元子，谢和卿号。

急缓殊途明进退，更将分数折来情。

葬法第四

人穴尖圆仔细推，好从个字下寻之。
若将口鼻都锄破，便是曾杨也有疑。
前有后无休下手，左空右缺莫轻为。
看他证应分明了，方用阴阳讨细微。

葬法第五

不识阴阳莫乱埋，葬其所止串其来。
乘风则散界水止，界限些儿莫过裁。
上面脉来观尽绝，毬檐慎勿破其腮。
更看偏左并偏右，分寸无违始妙哉。

葬法第六

脉来尽处已成穴，深浅明堂须辨别。
后头标竿在中央，前面看水何处合。
合处分明是向端，挂定线兮为正墨。
断然不必用罗经，天地生成一定则。

葬法第七

聚者上分下抱腮，散因下合上头开。

阳升阳降情难合，阴媾阴交气不来。
奇耦往来成化育，雌雄匹配孕胞胎。
但观左右乾流水，真假分明不用猜。

葬法第八

二分饶减定毫厘，差了些儿气便衰。
撞脉黄金生白烂，伤时骨黑入淤泥。
脉离湿烂生虫蚁，脉撞伤冲会者稀。
饶让小人从耳入，接迎君子脑应之。

葬法第九

折葬毯扞不一般，先明前缩紧和宽。
仍观偏左并偏右，吞吐情分两样安。
若是阴来当架折，阳来板脑枕毯端。
最嫌翻斗成殃祸，寄语时师莫误钻。

葬法第十

凡认脉情观住绝，水若行时脉未歇。
歇时当有小明堂，气止水交方是穴。
后面若令气可乘，前头要使水可泄。
若还凿脑与凿头，凑急伤龙匪融结。

葬法第十一

暗翊元从阳处寻，明肩出处定从阴。
生居大小八字下，四应观他照穴心。
倘然二水无明暗，却把高低两扇看。
阴阳到此定分匹，生死亦须从此判。

葬法第十二

阴见阳来合就阳，阳来阴受浅中藏。
阴阳相半观来脉，前接堂情匹配装。
后倚前迎如合度，更从急缓细消详。
世间穴法知多少，一理才通总厮当。

劉見道乘生秘寶經

刘见道乘生秘宝经

开宗演道章

老子五千犹简略,阴符三百尚支离。
世间葬法知何限,微妙无过十二诗。

阴阳正架章

阴阳脉体分强弱,迎接之方有架毬。
出入二途因急缓,故令葬法不相侔。

明暗厚薄章

水从两畔分明暗,气向中间定吸嘘。
更有一般生死法,看他厚薄是如何。

四应真情章

外观四应知匡郭,内别真情见肺肝。
不幸曾经戕贼坏,烦君再向土中看。

配与不配章

夫妇同行一路收，阴阳不配两边流。
水分十字扦须架，若也无分只枕毡。

双脉单脉章

双脉齐长小股扦，或求短股气纯全。
若还单脉如何葬，一法迎之就实边。

贴脊窝钳章

贴脊骨深多死肉，窝钳气散待生肌。
骨深挖入方为的，气散偏从聚处宜。

横圹转柴章

左右龙来分顺逆，正斜出脉验雌雄。
前头接局教安稳，后面乘生莫失宗。

曲脉翻斗章

龙来屈曲认尖圆，点穴多从动处粘。
可笑庸师差入路，斧头翻斗最堪嫌。

分合真伪章

有分无合名为假，有合无分是独阳。
下合上分交度好，情真穴正合天常。

浮沉浅深章

阳脉沉潜深处取，阴龙浮露浅中求。
坦夷涸燥无过此，却与排星事不侔。

蛮肤硬面章

蛮肤单股水文交，横荫微茫孕脉苗。
硬面朗梳钳口出，直流垄对不须饶。

合角禾鏊章

三叉合角及禾鏊，鏮口牛唇仔细消。
下角上鏊当正作，下鏊上角亦须饶。

叮咛告戒章

此书净尽泄天机，在在神灵谨护持。
寄语后人须秘宝，莫将至道等儿嬉。

孫伯剛璃林國寶經

孙伯刚璚林国宝经

总歌

先看来龙后论穴，只审到头第一节。
五星切要体性真，入穴相生须辨别。
带劫带煞并刑克，此是败龙何劳说。
生死硬软观性意，真假虚实防漏泄。
梗乳窟息与突脉，无脉节气请须折。
雹比合气两难下，倚撞盖粘并斩截。
浮沉吞吐转架毬，字字须凭师口诀。
第一切要识阴阳，阳龙阴穴阴龙阳。
覆仰乳钳仔细辨，四字其中奥义长。
地气元来有元牝，脉粗两畔细消详。
脉小不离方寸位，顺逆时师难度量。
急来须就缓处取，缓来须凭急处藏。
左来右下右关水，右来左下左边长。
相生须向逆水向，相克顺水最为良。
浅深尺寸有定法，四兽仍须看四方。
雌雄十道谁会得，龙穴砂水有隈藏。
上看脉来下看口，此法毫厘不可走。
出口入尾有元微，不得师传却似迷。
请君细看穴中煞，少则失粘多不发。
上有三叉下两片，尖圆平直随所见。
移花接木有顺逆，乘接之方存缓急。
虽然明得此真经，不熟山头眼如漆。

定穴证应口诀

大凡看地,先认穴情何若,次观正应分明。详化生脑大八字,大八字下须有四应。正宫左右,认明肩暗翊。肩高为阴,肩低为阳。有两边小绳路,水如草蛇灰线,分股明股暗,交护水痕,送气脉从。小八字下,亦分股明股暗。盖一边水来急,股暗为阴;一边水来缓,股明为阳。左右证应,当水缠绕气脉而下,至三叉个字下,水抱尖圆处即的对,认是何名字。或尖或圆,或顺生或逆生,或闪左或闪右。或上阴下阳,先强而后弱;或上阳下阴,先缓而后急。认毯檐上阴阳,就左右手看何边为阴,何边为阳,必有一气葬口。或气脉送名字至毯檐上止,其气急,谓之阴;或气脉送名字来缓,离毯檐上一二尺不来,其气弱,谓之阳。或合饶减,或不须饶减,熟认尖圆的对,以定急缓。取放棺吹枕之法,须和阴冲阳,亦有曰阳就阴。或脉来急,露而不隐是阴,可枕归阳边。饶二分阴来定深浅,以水抱葬口下合,即贴身第一合交腮水合处为度。脉正来缓者,隐而不露是阳,可枕归于阴边。倚其急阳来定深浅,以第二合虾须水合处为度,盖以涸燥宜浅、坦夷宜深故也。顺逆之法不过如此,却立标竿于葬口,上用小绳一条贴地缚在标竿之下,牵至明堂前,下面送三叉合水处认或阴或阳,以定一合水尖处为准的。葬口准对明堂之准,登搭其绳,横过两平,却用杖于下竿约量高低,得几多尺寸,则浅深可知矣。然其妙又当开井验土纹以证之,必得五色兼备之土或红黄鲜明脆嫩之石,晕文的确,与亡者脑之正凑无使有失高失低乃善。经曰:浅深得乘,风水自成。良有以也。定向坐之法,亦就葬口上立标竿对明堂,前将小绳牵至下面三叉合水处为准,认阴阳以定远近分合。如阴来,以第二合交腮水合处为向坐;阳来,以第三合金鱼水合处为向坐,乃天造地设一定不易之法虽有奇踪怪穴万状千形,亦不能出此规矩之外也。

奇形怪穴法

高窠

高窠高窠不厌高，燕窠凹里产英豪。
啸天龙兮安鼻耳，金龟背兮并巨鳌。
天盆天湖莲花心，仙掌峰露云可侵。

低窠

低窠低窠近平地，伏龙伏虎穴居鼻。
螺蛳螃蟹腌中扦，下后儿孙真富贵。

长窠

长窠长窠不厌长，何妨龙虎直茫茫。
盖天旗心脉不走，彩幡跨下气潜藏。
仰船稍兮金钗股，罗带同心结为主。
雄龙冲兮厾户安，功名富贵无居左。

短窠

短窠短窠短不妨，狮子鼻根名印堂。
马鼻寿星虎鼻孔，卧牛目里产侯王。

反窠

反窠反窠皆背结，金勾曲处来安穴。
象形鼻曲龙虎回，顾印真龟蓄肩下。
巨蟹蟹钳钳里安，下后天然之富贵。
蟠龙曲兮龙尾扦，宛转回环曲处安。
蟠龙额下眠犬颈，曲凤回环来顾鸾。

侧窠

侧窠形势不安平，偏颇高低穴似倾。
撅船侧掌行蛇曲，或如牛耳披须积。
有时作穴如牛耳，扦角有峰牛角起。
虽然欹侧葬牛耳，白屋能生卿相子。

双窠

双窠自是有奇山，莫将龙虎穴头安。
天雄蜈蚣两鼻孔，龙鼻虎鼻细详看。
翔龙鼻兮螃蟹眼，两畔一般死背反。
此形若突颈安扦，利益真诚无有损。

单窠

单窠单窠不可双，天雄蜈蚣钳里藏。
鱼脑弩圆并弹眼，马面寿星居中央。
象形有鼻一边转，若作双窠顺一反。
两边鼻眼一边雄，只处雄边为气本。

大突

大突之穴大突形，悬囊垂腹凤凰膺。
龙颡鳌头骑虎额，直须龙虎抱分明。
突穴若无龙虎抱，腾翻不蓄如风扫。
或成宛转左右兜，逆水上来为至宝。

小突

小突之穴气不微，藏头王字舌头儿。
狗眠龙卧求其乳，金鸡抱卵出窝龟。
两畔护身须揖拱，后龙不许见斜欹。
若是横欹灾最重，时师得处讨真机。

大凡小突气无全，不必留心向此源。
抛踪闪迹更前去，大成大受有天然。
将军旗峰并鼓角，小突山前最磊落。
大龙毕意自潜踪，山突之中徒结作。

蟠曲

蟠曲蟠曲穴偏奇，顾尾龙穴转头龟。
蟠龙交龙穴在腹，蟠龙卧龙亦如之。
回凤膺头行蛇曲，跃鱼尾上犀牛腹。
形如卷象耳耽耽，宛转之中多作福。

坡垂

坡垂之穴大龙来，飞龙吐气渐低隈。
龙吐云兮云上穴，虎啸风兮气似雷。
骆驼囊分囊上落，天虹贯水虹头作。
有时山似敛旗形，向首直须求转脚。

龙虎

龙虎之穴不孤单，须教虎伏与龙蟠。
狮子拱毬两脚抱，弄珠龙鼻脚回还。
负扆心里陇中峙，两边湾环势可倚。
螃蟹双螯两距生，口中一穴符天理。
卧龙穴须额下求，尾蟠足转顾其头。
凤凰头分羽翼就，仍须有案水湾兜。
龙虎须全无山案，水不之元真气散。
山无秀气生顽愚，四兽并如相挂贯。

骑跨

骑跨之穴最难别，点穴还须腹内截。
龟扦颈上自天然，凤头龙顶细详诀。

骆驼鞍上穴须高，龙麟山根龙虎歇。
群蛇出洞一蛇抱，曲处穴居七寸结。
金鞭袅里瓜藤蒂，总要前峰抱罗列。
若无龙虎水无缠，前案无峰天狱穴。
奇形势乱影无踪，除是真龙形颖脱。
棺材横向龙虎腰，向穴之水须特达。
有时形穴无不周，又恐当头八字流。
应案城门无吉势，假令富贵亦难悠。
或有案高峰不起，正穴不曾安穴里。
高高天外望前峰，破败亡家皆为此。

平地

平地之穴易中难，来龙有气穴斯安。
欹流破射皆凶气，勿恃平洋胜似山。
浮海簰心为正穴，系定之簰尾上穴。
著岸簰兮穴在头，应案水城须合诀。
锦毡心穴豹皮心，如意飞仙座处寻。
新月流星求影焰，南北斗口值千金。
黄龙吐气求和气，气未和时失经序。
牛皮形穴穴难安，十二穴中生富贵。

山巅

山巅之穴不寻常，形如覆釜底中藏。
金鸡卵上微微窍，出水金龟背上长。
啸天龙颡突中窟，金莲心里无空缺。
四畔波涛傍巨鳌，灵龟背上生人杰。

依山

依山之穴在山根，飞天蜈蚣气上尊。
卧牛腹穴眠兮弛，新月初生角上弦。

斗牛斗龙两山气，依靠一山为主帅。
伏龙伏虎伏狮龟，鱼腹灵蛇气潜至。
或在天虹贯日形，两头穴上不分明。
或成卧象鼻生石，依靠山巅气自生。

傍水

傍水之穴山形促，卧牛膀胱江豚腹。
饮水龙兮饮水蛟，穴在鼻中前水曲。
弄水灵龟穴在肩，甘泉涌出卧龙湾。
猿猴饮水或乔泉，水边螃蟹子宫前。
宝砚之形真是石，汹涌墨池须要识。
石中得土是天然，金马玉堂清要职。

水中

水中之穴诚清奇，陆地神仙方识之。
金龙口兮金鳌口，金狮金鱼口最宜。
海鳅海马俱求口，鱼腹龙藏真不朽。
若将亲骨口中藏，富贵荣华世稀有。

倒挂

倒挂之穴却如何，龙行正面应嵯峨。
回宗顾主峰峦好，倒挂安坟福更多。
子龙顾母回头耸，尾转勾横山揖拱。
穴安腮颊后风拗，百福千祥应接踵。
生龙出洞来委蛇，回龙顾祖合天机。
或然形象成金带，屈曲盘还如反背。
带头曲处顾金鱼，朝水朝山来应对。
或有山如骑跨形，面前粗恶不分明。
翻身顾后朝宗祖，反手勾刀宛内寻。
下著顿教旋踵发，青绅百世振家声。

石中

石中之穴少人知，如龙如虎或如狮。
灵龟形如犍牛样，口中安穴福之基。
螺肉蚌蛤蟹鳌里，但得土穴贵无比。
岩岸石畔不须疑，只恐水砂不全耳。

骑牛

骑牛之形三十六，左右来兜皆吉穴。
水城接案寂无声，列宿贵人要罗列。
一名文笔二元珪，三四躬珪与纛旗。
五名拥璧双珪六，双壁三台四转奇。
十道五侯相并合，七星八国正周匝。
十五玉笏旌旗生，双旗三旗生杂沓。
十九前逢列戟形，楼台鼓角红旗迎。
攒攒簇簇相照应，捍门华表插天生。
帷幄貂蝉皆主贵，地灵孕秀产豪英。

夺气

夺气之穴皆有余，须从过脉辨盈虚。
山如过去穴须在，要令隐马与藏车。
流星赶月脉过月，七星之间藏妙穴。
背星面月夺来气，莫遣真元虚漏泄。
横马打毬捧对毬，百步穿杨穴箭头。
生蛇过水勿令过，赶雄龙气腹中求。
又有一般夺气地，山腹之间求过气。
三枝五枝一样回，亦解于中生富贵。

借气

借气之法来不来，剥龙换骨作元胎。

势来形止脉未止，隐隐隆隆妙矣哉。
犀牛解角非无角，螺蛳脱壳非无壳。
神龙换骨论故新，蛟龙吐气论纯驳。
睡龙睡虎并睡龟，无突无窝穴莫为。
先看主山有奇处，次验八干并四维。
新月垂光光熟辨，不近不远隐而现。
有时新月魄中安，明缺清奇天理现。
或安凤翼与龙珠，温燠怡和气有余。
非窝非突人难识，只将来脉辨盈虚。

奇怪

奇形怪穴人难信，神龙入水口中认。
黄龙啸天鼻里求，孤雁回风风势迅。
凤鹏摆翼四边风，金龟下海四边空。
狂鱼作浪波涛起，巨鳌涌水水泉中。
鼎湖一片莲花叶，月蚌开衔水天接。
海藏浮珠海屿中，藏蛇吐舌形尤怯。
神丹出灶四方空，五龙聚水水晶宫。
蛟龙饮水水入口，荷叶跳珠湖泽中。
古人立法治风水，多求聚散与行止。
若能于此悟天机，造化元来在一指。

水砂

水砂之穴最多形，坐下无山可讨论。
只将水势求天理，立冢安坟福子孙。
水势成龙三十二，只认去来看水势。
进龙十六看来朝，翔龙十六看其势。
大进龙兮小进龙，左进右进气潜通。
单成单舞并双雁，三台四辅吉还同。
五星六合并七宝，八国九星出师保。

十洲有水出神仙，百会进祥大人造。

过海

过海之龙穴海中，大海之中有所容。
或居龙口或龙鼻，或耳或头或龙冲。
或在项兮或在尾，有时龙爪擎天起。
四面波涛日夜生，藏风聚气长儿孙。

抛闪

抛踪闪迹号真龙，惟有真龙不易逢。
不比常龙徒显耀，退藏于密晦真踪。
老龙睡稳其气足，不在乳兮不在腹。
首尾交加若接连，耳鼻之前或藏蓄。
有时结作戏龙形，目鼻脐腹气皆倾。
卷鼻委蛇应头额，谁知尾穴产豪英。
戏狮卧虎皆求尾，乳虎舌兮饮龙耳。
走狮毬带有同心，赶鹊虫形求鹤嘴。
或如嬉子坠丝形，天然有穴网心成。
坐看网心朝嬉子，枢密将相此中生。
宝马遗鞭何处穴，四旁车马旌旗列。
须求遗鞭顺生形，顺鞭一穴生贵哲。
骊龙颔下有明珠，珠与龙身穴自殊。
珠焰前头形宛宛，攀龙附凤佩金鱼。
真形三百六十五，分明上应周天度。
人身命度总如斯，消息盈虚有真数。

挂灯

挂灯穴在高山上，万水千山皆入望。
八风不动尽教高，下看公卿并将相。
高山自结龙虎窝，十道承浆水不蹉。

点得真龙天巧穴，判花视草与披荷。

花头

花头穴法人难识，或在山间或在碛。
枝间软弱叶不多，惟见花头乃堆积。
不问土山不问石，石中有穴尤奇特。
蜂飞蝶舞叶徘徊，穴向花心贵无敌。

漩涡

漩涡一穴最堪佳，云叶团团水漩花。
穴在涡心最深稳，千年富贵孟尝家。

流星

流星一穴最宜扦，或在平湖或野田。
四畔茫然无倚托，细看骨脉却连山。
过水蜘蛛同一体，落地梅花皆此意。
神仙漏泄这真机，满砌芝兰均富贵。

泛水梅花

真星脱体蘸清波，泛水梅花出水荷。
煮茧跳鱼并泛藕，满朝朱紫寿仍多。

蹄涔

蹄涔一穴落平洋，或在高山顶上藏。
俗士怕嫌泥水湿，不知葬了出朝郎。

金柜

陇头结穴方如柜，下著人家主富贵。
坐山左右一般齐，锁钥中间有滋味。
莫嫌穴险不堪安，怪处从来人厌观。

认取真龙真住处，解令白屋出高官。

仙人出帘

端正尖峰秀且清，真如仙女出帘形。
但高百丈脐心穴，立见公卿佐圣明。

覆钟

覆钟便只是悬钟，穴险难教俗眼通。
但向脐中扦一穴，子孙富贵永无穷。
若是有风须低下，不比尖头唇嘴者。
如钟只是点脐泓，除此余无他说话。

金字

贪狼入穴身何似，端正真如写金字。
当心一穴若能扦，子子孙孙皆贵士。

太字

第一怪是太字火，便有人字穴尤拙。
太字两边分得均，人字股短一股掣。

人字

要知点穴法一般，两股合处好安扦。
不教两股气分著，定主其家富贵全。

垂珮

山中出穴如垂珮，三角中间为事最。
不惟庙食与神仙，子孙齐赴功名会。

三十六座骑龙穴法

三十六座骑龙穴，不是神仙不敢别。
水分八字两边流，且在穴前倾又跌。
无龙无虎无明堂，水去迢迢数里长。
元武端雄气连过，庸师岂敢妄评章。
真龙气涌难歇住，结著穴了气还去。
就身作起案端严，四正八方皆会聚。
外阳不问有和无，只看藩垣与夹扶。
左右护龙并护水，回还交锁正龙居。
或在龟肩或牛背，或作鹤嘴蜘蛛肚。
凤凰衔印龙吐珠，天马昂头蛇过路。
本案不拘尖与圆，或横或直正无偏。
但寻真气归何地，看取天心十道全。
或在高峰半山上，或在平洋或溪傍。
或然水去万千寻，或然水绕千万丈。
神仙略与说规模，自可一湖通百湖。
巧目神机扦正穴，何须逐一看沙图。
若人了得骑龙穴，世代荣昌产英杰。
三元科甲未堪夸，将相公侯朝帝阙。

骑龙截法

真龙头上说骑龙，千变万化有何穷。
岂可三十六言尽，高人心巧自能通。
坐山或峻或平漫，案山偏正或尖圆。
元武虽行必不远，前逢缠护转关阑。
水分八字下前溪，相交咫尺是真机。
纵使留神三五里，之元屈曲亦相宜。

更有十二直流穴，相合骑龙四十八。
四十八穴若能扦，下著子孙皆显达。
更有十二倒骑龙，前篇砂水略形容。
千变万化理归一，尽在聪明解悟中。
要砂无非捉脉气，吉凶祸福毫厘耳。
乾旋坤转妙无穷，心孔开时不难事。

倒影

乔松倒影卧斜阳，红藕开时闻水香。
窗外月明窗内白，天边归雁恋潇湘。
嘶马闻风于彼处，冉冉风帆归别浦。
全神全气落何方，未许时师轻漫语。
弃却青骢驾夜航，月明双桨去忙忙。
青山低处见天阔，红藕开时闻水香。
阴阳造化在元微，巧目神机自合宜。
多见时师只碌碌，捕风捉影太无知。

直穴

钳穴钗穴两臂直，元神水直亦消得。
须是真龙头上寻，不是龙头休费力。
前面山横水又横，本身何虑直如倾。
古有十二直流穴，请看神仙斗口经。

平地窠

平地有尖尖有窝，此则是名抱鸡窠。
若把蹄涔一般看，时师无识奈之何。
金锅煮茧波寻月，落地梅花泛水荷。

大海浮沤丝钓饵，平川跃鲤雁交鹅。
高低圆匾凸平凹，浸泛尖方少独多。
穴法浮沉分聚散，气明互换莫差讹。
妙参造化情投眼，休学时师妄揣摩。

奇怪总诀

大抵怪形并异穴，真龙头上方堪说。
若是真龙真住时，何论端严与欹拙。
只看气脉在何山，参合朝迎与护缠。
一任高山与平地，神仙真眼但标扦。

接木泄天机口诀

阴阳之理，微妙难通。天实因之，神其司之。《葬书》曰：道眼为上，法眼次之。又曰：变而不法乃术之杂。术抵于杂，岂足以言地理也哉？此极言其不可无法度也。凡择地之法，先看大势在何处结聚；次看落头星辰、入手气脉；又其次看前面合脚及堂气。皆要合法，然后察入路之顺逆、阴阳、缓急，到头转跌合、如何迎接，要知生死去来、山从何来、水从何合，名字又证分晓，上开下合分明，方可倒杖，亦须用小明堂为证。其结穴之处不可无一锥之地，此即小明堂也。若无此，则不能知其脉之止处。须要上面分得个字端正，入路真的，更认两边虾须二水送脉明白，直至下面界合处住。前谓下合者，即虾须金鱼也。仔细审认，水合处即是脉尽处，脉尽处即是小明堂，有小明堂方是的确之所。若上面无分，下面有合，乃孤阳不生、模糊不来，即不可葬。若上面有分，下面无合，乃独阴不成、气散不真，亦不可葬。大凡真龙结穴，全凭三分、三合应验。三合者：入路名字住处，隐隐然分开流下，为第一合；贴身二水交流，为第二合；左右龙虎大会处，为第三合。此即上分下合也。外大合，诸人可见。或内合可见而不分晓者，法用茅草烧灰，布于作穴之所，待微雨之后，灰流成路，三合，自然明显。其孤阳、独阴者，不可以分合言也。或无三合止有二合者，乃枝龙之结气非不全，以其平坦故也。开井定深浅之法，非此合水不可知。阴龙气脉浮露，故用内一合。阳龙气脉沉隐，故用第二合也。其所量尺度之法，立一标竿于交毬滴断处，立一标竿于合尖水中，用线一条缚于两竿之上下，登搭两平则深浅可知矣，故曰：浅深得乘风，水自成开井。放棺亦以牵线为的。此为倒杖定向之法。明暗二字亦以二水别之，水明为阳水，暗为阴；阳者挨阴，阴者挨阳。反此则成翻斗斧头矣。然三合之内又自有明毬、暗毬之辨焉。若来脉直急，则脱毬而凑檐；来脉摆缓，则入檐而斗毬。若高了些子，则伤龙；低了些子，则伤穴。先贤曰：龙穴从来怕二伤，切忌伤龙与伤穴。又云：伤脉腐烂，离脉蚁入。切忌伤浮，又怕伤湿。此极言高低深浅不可分寸之违。故《葬书》曰：穴吉葬凶，与弃尸同。此之谓也。善葬者取阴阳二气交会之处以放棺，内接生气，外接堂气。生气者山也，堂气者水也。所谓脉不离棺、棺不离脉，棺脉相亲，剥花接木，此接木泄天机之所以得名也欤。世俗赃术多，因针盘以定向坐，指卦例以言吉凶，此大谬也，学者其慎之哉。

李思聰總索

李思聪《总索》

总论

阳落有窝，阴落有脊，入首星辰，从顶而立。
阳来阴受，阴来阳作，上有三分，下有三合。
个字三叉，要知端的，大小八字，贴身蝉翼。
股明股暗，有缓有急，上耸明肩，下开暗翼。
毬檐毬髯，人中难识。纯阴纯阳，天乙太乙。
界水虾须，微茫交揖。左右金鱼，罗纹土缩。
葬口要明，浅深有则。脉不离棺，棺不离脉。
合脚临头，临头合脚。割脚临头，临头割脚。
有合不淋，有淋不合。就湿眠干，眠干就湿。
牝牡交承，雌雄相食。放送立微，迎接莫失。
后倚前亲，正求架折。倒杖放棺，在师口诀。
拂耳拂顶，须分顺逆。枕对之功，难如接木。
急则用饶，饶则用急。高要藏风，低不脱脉。
弃死投生，要知来历。点穴安坟，如医看艾。
明师登山，一一能解。得师真传，了然在目。
风水自成，不坏骨殖。木根不生，蛇蚁不入。
已上真文，口传心受，不授他人，惟传子息。
有义君子，登山指画。无义小人，千金勿泄。

阳落有窝

阳落星辰是若何，形如仰掌略生窝。
或如开口宜融结，曾有人能识得么。

阴落有脊

阴落星辰剑脊形，肥圆覆掌更分明。
或如葱尾宜齐短，世上何人识得真。

阳来阴受

龙如仰掌是阳来，自是阳来阴受胎。
凸起节包为正穴，覆杯相似不须猜。

阴来阳作

星如覆掌是阴龙，阴极阳生理在中。
到穴略开窝有口，其形马迹正相同。

上有三分

入首初看个字巅，次看凸起节包边。
终看块硬毬檐畔，龙水三分势自然。

下有三合

龙有三分在上头，更须三合下头流。
合襟蝉翼兼龙虎，好在其中次第求。

个有三叉

龙分顶上有三叉，左右名为龙虎砂。
一脉中流宜起伏，形如个字正兼斜。

大小八字

大小八字迹微茫，生在节包块硬傍。
若是分明为大地，但须脚短莫教长。

金鱼蝉翼

明肩暗翼号金鱼，蝉翼之名果有无。
龙虎穴如双硬翼，其中软翼汝知乎。

雌雄牝牡

龙从肫口认真踪，土缩罗纹穴一同。
砂有暗明先后水，细分牝牡别雌雄。

正求架折

正求架折气行流，正出星辰是正求。
侧出星辰为架折，但从入首看来由。

拂耳拂顶

气从何入不须猜，自是正求拂顶来。
架折由来为拂耳，须分顺逆莫违乖。

前亲迎接

前对合襟是接迎，合襟前对曰前亲。
必端必正无偏倚，此法由来世罕明。

后倚放送

后枕毬檐放送如，毬檐后倚自安舒。
不偏不倚堆端正，葬法其斯之谓欤。

临头合脚

临头合脚地方真，上下由来真气凝。
上枕毬檐端且正，合襟下对自分明。

淋头割脚

无毬披水是淋头，无合名为割脚流。
或有上来无下合，这般假地不须求。

眠干就湿

上枕毬檐正放棺，水分左右曰眠干。
放棺下就合襟水，就湿之名理亦安。

毬檐

到穴星辰块硬全，毬檐相似自天然。
肥圆融结宜端正，葬口生来在面前。

葬口

毬檐之下略生窝，葬口原来正是他。
此是天然真正穴，就中倒杖岂差讹。

罗纹

结穴星辰似覆锅，覆锅开口或生窝。
莫非阴极阳生处，所以纹如指面罗。

土缩

结穴星辰有开口，口开唇下略生堆。
亦惟阳极阴生处，土缩中生若覆杯。

倒杖放棺

十道先于葬口安，即将直杖倒其间。
毯檐之下合襟上，枕对无偏即放棺。

急则用饶

势如雄急是阴来，雄急来龙缓处裁。
抛出毯檐五七寸，免教白烂骨如灰。

缓则用急

阳来坦缓势逶迤，龙缓扦于急处宜。
凑入毯檐五七寸，免教黑烂骨如泥。

藏风脱脉

穴法窝低总不拘，但依证佐是真机。
藏风之处高为妙，界水之中低亦宜。

弃死挨生

来龙强弱认分明，入穴仍推厚薄情。
砂有暗明水宽紧，挨生弃死穴方真。

深浅

深浅由来不等闲，须分平地与高山。
高山止与明堂并，平地还深一尺安。

是书一出，地理不待穷而豁然于心，四科不待察而了然在目。盖尝见夫星峰特起，拨换分明，或露或隐，或山或坪。傍分二砂而为龙虎，中流一脉而有正斜，名曰三叉，形如个字。水初分于两边，而合于龙虎之前，任左右而出矣。中流脉伏而凸起节包，傍生阴砂而为蝉翼；水次分于两边而合于阴砂之际，而称为大八字矣。中脉略生块硬而名毬檐，傍水中分于左右而名小八字矣。自毬檐下有一坦窝子，而名曰葬口；自葬口下有一小明堂，而即其薄口；二砂隐隐合襟于薄口之下者，毬髦也；二水微微交会于合襟之端者，虾须也。此四科之证佐也。何以别之？殊不知个字三叉、节包硬块者，龙之证佐是也；毬檐、葬口合襟者，穴之证佐是也。砂之证佐而有护龙之蝉翼、护穴之毬髦，水之证佐而有证龙之八字分合、证穴之界水虾须。何以取之？地中之造化即人身之造化，三叉个字者，头首之髻也；凸起节包者，人之额门；而第一分合名大八字，非两眉乎？再生硬块者，人之鼻头；而第二分合名小八字，非两眼乎？毬檐而即鼻准，葬口而即人中，薄口合襟乃人之下颏，毬髦、虾须乃人之髭须也。惟有阴砂其义不同，其名不一。藏于龙虎之内，生于节包之傍，轻薄贴身，微茫拱护，如蝉硬翼之下又有软翼，故名曰蝉翼；如人腰带之间所佩金鱼，故名曰金鱼；边有边无，而有股明股暗之称；边明边暗，而有明肩暗翼之号。证佐明矣，可不究其理乎？盖理者阴阳，而阴阳者牝牡，牝为雌而牡为雄也。以龙论之，星辰形如覆掌或生胅嘴、来势雄急者，阴落而雄龙也；星辰形如仰掌或生窝口、来势坦缓者，阳落而雌龙也。以穴论之，龙之雄者结穴略生窝口，此其阴极阳生而为少阳之穴，乃雄龙而雌穴者矣。若无窝口而仍如覆掌、胅嘴者，穴之太阴而龙穴皆阴雄也；龙之雌者结穴略生小堆，此其阳极阴生而为少阴之穴，乃雌龙而雄穴者矣。若不生堆而仍如仰掌窝口，穴之太阳而龙穴皆阳雌也。罗纹之称少阳之穴，其纹若指面之罗，葬则勿破其唇；土缩之称少阴之穴，其土如缩而中止，葬则休伤其顶。二者皆地中之精粹、世间之罕有，故特取义如此。砂之明，属阳而为雌；砂之暗，属阴而为雄。天门开于前山者乾仪，纯阳之谓；地户闭于后山者坤仪，纯阴之谓。太阴、太阳者，青龙、白虎也；少阴、少阳者，天乙、太乙也。水短属阳而为雌者先到，水长属阴而为雄者后到，故曰牝牡交承、雌雄相食者欤。尤必看其龙从何来、气从何入。星辰正出而正求者，其龙顺来，气从顶入，故曰拂顶；星辰侧出而架折者，其龙逆来，气从耳入，故曰拂耳。逆顺既明，生死可知。龙之强，生而弱无；穴之厚，生而薄死。砂之明暗，水之宽紧，理亦然矣。且四科易察，葬法难明。苟非其传，差之毫厘而谬于千里；苟得其传，道岂远而术岂多哉。但当先定一十字于葬口之中，而为十道之名，即倒一直杖于十道之中，而为倒杖之方。上枕毬檐，必端必正，而曰后倚，以受其真气临来，故曰临头；使水分于两边，谓眠干，下对合襟，不偏不倚，而曰前亲，以取其真气交会，故曰合脚。务要俯就合水，谓之就湿。毬檐在上而有放送之情，合襟在下而有迎接之意。倒杖之法，岂有余蕴哉，由是用线牵定而开井放棺，切勿信诸家卦例作向消水，有乖气脉。穴法虽然急缓无方，而穴有伤龙脱脉之患；浅深无则，而气有上行下过之非。故高则因其来势之坦缓者，乃阳落也。凑入毬檐五七寸以受正气，不可缓，缓则脱脉、主黑烂矣。盖穴不怕高，但要藏风聚气，故曰乘风则散；低则因其来势之雄急者，乃阴落也。抛出毬檐五七寸，以受正气，不可凑，凑则伤龙、主白烂矣。盖穴不怕低，但要不过界限，故曰界水则止。假如高山结穴，开金井止与小明堂相并，不可太深，深则气从上行，故宜浅矣；假如平地结穴，开金井深过小明堂尺许，不可太浅，浅则气从下过，故宜深矣。急缓既有其方，浅深亦有其则，又当辨其龙之强弱、穴之厚薄、砂之明暗、水之宽紧。用心著眼，挨生弃死，如是则放棺无所差，而葬法无以加矣。吁，是书乃曾、刘、胡、李四人当时受国师筠松杨先生之秘传，今与有闻焉，予之幸也。兹予读其书、诵其诗，特述其所知大概，书于其后，贻诸子孙以为传家之宝云。括苍刘基书。

李思聰堪輿雜著

李朝実録 世宗

李思聪《堪舆杂著》

覆验

得穴固难，立向尤难。京口费侍郎祖茔自府干龙，华盖山顿起一小金星，落脉委蛇，活动重重。借干龙桡棹为护送，以窦氏湖为明堂、白兔山为朝应，辛脉到头，作戌山辰向，一发即衰。以龙局论，非暂福之象。余察之，向差耳。上砂本重，一作戌辰，愈就上砂，而下砂反宽。且龙从左转，宜左耳受气。今反右耳受气，后特分乐砂一股，今空而不坐。使作酉山卯向，既避上砂之窜理，气又与辛龙相合，受气亦贯左耳矣。砂水匀而后乐正，即贵未必加尊，而后未必若是凌替之速也。此龙真穴而作向差也。谢注《雪心赋》引解未当。

趋避砂水吉凶，其法在定穴立向之先矣。然葬后收拾，关系匪轻。穴之前后左右，祸福之先见而立效者也。今人不知趋避之法，立向点穴已自茫然。掘圹结堆之后，以为能事毕矣，不知龙真穴的，或有一水一砂不能收、不能避，则有裁制之妙法在，在人施其巧耳。否则，得穴不发，发而有不全美之事。如太平新丰二甲王家葬一坟，不发。名师张宗道为四围打墙，惟中留一门透见秀峰，其后方发，至今殷盛。东阳义门郑氏赖公为下一坟，葬后树牌二道，一正树、一斜树，祝曰：斜树者尤妙，如龙方活，其家大发，财赋人丁三朝不分家。至我太祖过而询之，方取入仕途者数人，分为二十四分。碑斜树而龙活，其说不通，盖上露秀峰而下遮凶水，以是愚人耳目耳。

董德彰下新安王氏一地，酉山卯向。葬后令锄去右砂一臂，留记云：越打越发，不打不发，欲放水到堂耳。其家遵之，每打即发。是年打至巳上，长生水到。因犯都天，宗人因官事发配，止而不打，其家不发。又打，至辰遇赦文水，其人赦回。

穴在水中有之，而不知穴内有水。泾县九都查氏祖坟，美女撒尿形，穴前流水不止，其家富贵不绝。近一族人盗葬祖坟之侧，其人骤富。族众知而起去棺中淋淋水，出未久，其人即穷。由此观之，穴中有水，不妨发福也。

相地，不特面前砂水呈秀、龙真穴的，四畔皆当留心。泰州陈少卿祖茔结在平垟，穴前地浅即是大河直流，河外横冈拦于前，又无外垟，前无唇毡，傍无月角，一片模糊，无一砂一水可观。至穴后，一望莲花池团聚潆蓄，大水汪洋，池外屏山正应穴后，豁目快心。以后有情，故穴直靠后岸。

富贵发达有时，山川迁徙不一。如福建省城系郭公所迁留钳，云：南台砂合，桥口路通，先出状元，后出宰相。壬辰前数年，南台砂涨出十余里，是科翁青阳发大元。又十五年丁未，叶台山大拜景纯，距今若而年，其钳记始验。

形势水法有难拘者。余姚钳记云：坐不正之山，朝无情之水，无常富之翁，无久贫之子。不正之山可坐无情之水，可朝乎？然余姚一邑，家家皆发，倏发倏消。大抵龙贵砂水皆不足凭、不悠久，则又不正、无情之疵矣。

树木荣盛，可征山有气至。朱侍郎祝禧寺祖茔，先是植木皆枯，人疑为不祥。乙未前，树木忽皆葱蒨如油，公发大魁。

山有鸣者，气之盛而鼓动也。山阴周山吴氏祖茔，乃木星结仰高穴出，吴公兑官至尚书，久而不发。至万历乙卯年，祖茔山忽鸣数夜，是科文武发科者十余人。余姚马堰徐氏宅山，庚子年鸣，辛丑徐公应登登进士。上虞兰芎山左有黄山，乃嘉兴项氏远祖茔，每鸣则上虞水涨，项氏必发，项氏不知也。罗康洲、朱金庭、张阳和、某公四公，读书会稽山中，或先后至未俱集。一夜，四公同至，山忽鸣，后罗公、张公大魁，朱公大拜，某公亦仕至太守，皆山鸣之应。方播酉未灭之先茔，碑忽鸣，此又妖孽之变。

上虞下盖湖一墩名练树，湖干有陈氏巨族阳宅。凡有人葬是墩，则陈氏厨灶屋梁皆折。曾有人以三骨上下葬之，陈氏起其一，梁折如故；又起之，又折；又起尽则已。至今无人敢葬。其龙自兰沤山分来，至驿亭跌断。起小，越又大断。两傍皆湖，龙从中出，至福奇山跌落，湖中，阴砂四围围聚，远山照应，所以佳也。

余姚高山一地有葬者，闻虎作怒声而止。又有葬者，一山竹皆爆响，今遂无敢葬者。以上诸地，未必皆绝粹而葬之，非其人，则有是异征信乎？有缘，非人可强求也。

无锡华氏祖茔原结在水中，此固天地之深藏珍秘，以待积德之人。华氏之先，为仇人诬以人命。狱卒怜其枉，欲为毙其仇人，华公力止之。云：我成狱，未必即典刑；我谋彼，先杀一命矣。是夜梦土神告之曰：汝积德如斯，与汝一地在鹅肫荡。后华公果为仇阱十余年。出狱，偶有堪舆流落无知者，华公遇而延至其家馆谷之。堪舆欲觅一地报公不得，岁暮辞归。将俟再至，公复厚为赆发。堪舆行遇大雾，泊舟河干，见雾中一处气独清。顷雾收，往登之，果大地，但穴沉水底。堪舆回舟告公，公初迟疑，询其处乃鹅肫荡也。因与梦符，遂信之。堪舆方踟蹰无葬法，适有木排失风，打至荡中。买木四围下桩，中实以土覆，挖至是处葬之。后出学士洪山公，科第几三十人，至今鼎盛。造化留之以报盛德，吾人卜地，可不留以还造化乎？

地贵来龙而龙贵传变局，看砂水而朝案尤其所重也。余友徐三泖于真州青山卜地葬妻，后龙重重开帐，断而复断，到头结一小金星，穴高而阴砂交会于前。然帐多而龙身无特达之星辰，则帐反泄气。阴砂虽交而无专对之朝案，则主以无客而不尊，况后龙帐皆是水星、金星结穴。金生水中，稚弱而未经锻炼，金又生水，子能令母弱，是不旺之象也。生金者土，土制水滥，使中有一土星，则力重矣。此间星所以贵也。主星既弱，结穴又高，砂水低，堂局宽，内无近案，外无特朝，非全美之地。一葬，余谓生育艰。三泖，余契友也，不余信，今十年余未得孙，尚可施工力。否则，后主贵者不富，而艰嗣富者不贵而多子。

地贵审，其所废不可不详。扬州阎方伯祖墓，来龙从府，干龙分起，盘古山出仙带，脉顿起庙。山右分一枝拦转作下首，从中跌断复起，主星中吐，一脉结穴，本身下首又生一股曲掬，过穴作案。穴在高山，既有兜堂，用抱儿葬法方是宜就案点。穴今脉止不下，即点穴于上，兜堂反宽而无力矣。余方疑之,余友曾询土人,因筑去一段来脉为地,故于龙脉尽处点穴,方伯非其应也,惜哉。此地妙在从冈变𪨊外垟,句城塘,宽广可爱,经云"从来高穴少明堂,惟看兜堂与外垟"者,此也。

京口东汝山,人传为刘裕祖坟,即所谓京口丹徒之后山,却被刘王斩一关是也。余往验前事,龙从常山起白兔山生大独山,从新丰过河,平地顿起。大山数十里,右一枝去结黄衢,左一枝入鞋溪去结圌山。此则逆上一枝,粗雄未跌断、未脱卸。到头起东汝山,纯皆是石,山下吐出一线土脉,委蛇细嫩可爱,不过十数丈。结一金星圆墩,乃抛穴也。傍即生土冈两枝随龙委蛇,贴身作护,以顺杖葬之,非斩关也。左有老鼠成卷旗形,右有龙王庙墩成顿鼓形。卷旗、顿鼓,非王侯之象,乃伪贼之砂。来龙尽是高山独行,无护无从,惟山下自放低冈为桡棹耳。来龙杀重,惟到头一节剥换,堂局不广,无王者规模。种种非是,因思宋南渡时亦有刘豫,金人所立伪主,形与人合。所谓斩关,府志所载:府基为汉荆王墓,有王庙,今存焉。汉,刘姓也,府后横龙宜用斩关,前贤之言,庶不悖耳。

秦樗里子卒,将葬渭南章台。先曰:后一百岁,当有天子之宫夹我墓。汉兴长乐宫在其东,未央宫在其西,武库正当其墓。樗里子即青乌仙,其言验如此,必以形势卜之何藏。形之不善,毋亦数欤!

张士诚祖坟在草堰、丁溪二盐场之中。其龙沿海而行,平垟地面,突起平冈,到头分枝,布爪如龙形。龙首顿起一埠,高不丈余。后坐虚即是大海,面朝内河,下砂远关,不足为奇。惟是沿海皆黄砂白土,此埠独是红土,则奇耳。今剖而为二枝脚,葬者皆贵两场,相隔七里,姻戚相联,每岁春首,两场相斗于此埠之前以斗胜,为一年之利征,虽至戚不顾也,犹此埠之杀气未尽欤?

灵宝许氏祖茔,出父子四尚书,中一子拜相,皆加宫保,子孙多盛,科第不绝且贤。其龙自秦中来,即县干龙,先结此地,而县治反为下臂。大帐大峡,到头顿起玉屏;土星发出五枝,结穴于中;一枝之尽,两旁荫腮,二泉合流于小明堂;上砂作案,案上突起印台,弘农、稠桑二涧横于前,秦岭秀峰作朝,老君原三台作靠,诸峰罗列,中条山排列下首,惟内右下砂少缺。许氏将发,其山忽崩,卸下一臂补足右砂,其家遂发。

土色有不定者。顾少宰云:其岳家王氏一老仆妻死,卜一地葬之,掘下皆黑滋泥，随主之任期迫不得已葬之。葬后子皆平安。十余年老仆死，其子启穴同葬，悉变成干黄土。想气之到不到耳。

南京吴尚书祖坟，自石子冈横开大帐，中落变成小土星，抽出平冈，至冈尽将近平地结穴。后特生一枝作托，前开平田作明堂，远山双金作朝。左即帐脚诸山作土砂，右惟阴砂一股作下砂。砂外大江，江外江浦诸山排列登局。只见上重下轻、漫无可观，不知龙气既贵结穴，又低正。《雪心赋》云：若见土牛隐伏，水缠便是山缠，水外要四山来护此地，直取大江远山配成大局，发贵，所以大也。然一发即败子孙不振。又下砂太低、太宽之病。

阴龙阴向，发福者多矣，间有不合，反发大贵。如南京宋西宁侯祖茔，庚酉辛龙转离落脉，作辰山戌向，于理气不合甚矣。惟以干龙到头，委蛇细嫩，活动可爱，落脉清细，左旗右鼓，砂水分明，隔江双峰作朝，故兄弟皆侯，富贵数百年。阴龙阴向，果可拘乎？

杭州张氏，螺蛳吐肉形，葬后只发二春。元尚书公祖地，乃刘诚意所下滨西湖北地。穴尚未正。诸书妄传，侈为美谈，可笑也。

孙权祖茔在天子冈，迎七星滩之水。人传未葬正穴，是以偏安。凡有盗葬者，则天不雨土，人觅而掘毁之。凡存心欲谋此地者，至则云雾障隔，此所谓禁穴是也，人可妄图招祸哉？

前贤名墓不可谋葬，多招奇祸。扬州高尚书，大鹏展翅形，乃董德彰所卜。后葬时，其亲梦朱衣纱帽人，云：我秦少游也。令亲欲用我地，前后皆可发福，不可在我之上。开穴果见一棺，俗师云官上加官，遂葬。后遭凶祸。先有仙人摘掌形，祖地大发，葬此顿歇。慈溪刘主簿坟葬时亦梦绯衣人云：前数尺可发，不可动我穴。点穴后，刘公移前一柩葬之，子孙科第不绝。

山西杨屿蟠冢宰，先葬祖于中条山，启穴得石碣，上写条山正脉。葬后年余，启穴合葬夫人，见气喷出，托柩浮而离地，速以夫人柩塞入，不论方向，以土掩之。后发三代尚书，科第不绝。南京姚大参茔启穴合葬，气亦喷出，科第不绝。

先文定公葬扬州句城塘。先葬祖母，十年余启穴，气如笼蒸。乃平冈上皆黄，土穴中反淡青色，中皆白圆圈如钱式。葬不四十年，发百余丁，科第方兴未艾。

杭州干龙自天目起，祖远不能述。从黄山大岭过峡后一枝起南高峰，从石屋过钱粮司岭起九曜山，越王山过慈云岭起御教场胜果山、凤凰山，过万松岭起吴山；入城一枝起北高峰，从桃园岭青芝坞跌断起岳坟后乌石山，从智果山保叔塔入城。来龙沿江而下，皆自剥星峦遮护隔江诸峰远映。护龙直从萧山至海门，生天弧天角星从别子门石骨渡江，起皋亭诸山作下砂兜转。右界水自严州桐庐流入钱塘江，左界水自余杭西溪流入官河。惜两界分流未合，城中诸河塞阻秽浊，脉络不清，西湖之水又从昭庆左分出流，断北龙，非宜。

来龙之石，龙之威权曜杀也。辛酉年，杭州智果山为海宁陈氏建园凿石，城中大火二次，焚十万余家，皆北龙之地也。后烧出城外，将近智果山而止，可见来龙不可轻动。

瑭村祖茔乃寒家发福之地。先曾祖不知地理，于来脉盖造享堂，下桩之时，茔上树出火光。先祖京师是日鼻衄血一碗，遂致政归。后拆去，始复发科第。

瑭村曹氏阳宅，一井水沸则发。乙卯年瑭村先茔涌出古井，村中二百年无井矣，是科华儿发科。

莆田县西有石室岩，一巨石长数十丈，如舌向城内，有寺宇遮隔不见。嘉靖壬戌，寺焚石现，倭遂破城。

福建省城闽君瑶原建都山中，后迁出就横塘。江水潴聚于前峡江，双峰对峙，关锁门户。布政司前对五虎山石势巉岩，故中门常闭，门开则祸立至。

余姚来龙，从上虞五桂山发罗岩而从丰山入城河之南，则自四明乌瞻峰而发，因吕文安公建城于河之南，遮隔明堂秀峰，科第寥落。水口竹山拦阻，龙凤二山对峙，盐池大会，屈曲大转，此水口之至佳者也。恐不专为余姚，有禁穴存焉。

余姚城南，有黄山从平田大断而起低平土冈，中自分支曲折。吕文安公祖茔在焉，其中发贵六十余人。上虞县龙北一枝从五桂山落，过河发数埠，龙势不振。南一枝从长者山入城，龙势大旺，皆为金垒观而然。长者山成飞凤之势，观结冠山前有葫芦砂，此魏伯阳升仙之处。右之余气铺下，人民居止，故上虞城中富贵者少。

慈溪县，龙自四明至上虞分，余姚后龙从余姚之北转至定海，逆上结县，余气至余姚九垒山止，五星归垣。前有狮子诸山，平田小峰，如印如诰，成天清之形，极贵。又前，逆砂直至丈亭三十里，两江互绕于前。来龙高山之上起石柱峰，巨石凌空，但头斜不正耳。

绍兴越旧建都于平水，自禹而传已久。范蠡谓四山太高，受制于人，迁出建都，而城中生山出焉。龙从新昌天姥而来，远不能述。自亭山入城起城隍庙，山逆转而结，坐虚向实。前以秦望方屏为朝，苍翠可爱，后坐镜湖八百里，惜废为民田，不能见汪洋澄静之势耳。然迁出越，一霸而遂，亡水口浅也。平原遂致烟迷雾失矣。

禹穴自天姥同绍兴府龙而来，从南镇高山过峡，石峦排空，入首庄严，龙虎齐分。双股曲掬众山，中露尖峰作朝，端拱凝立，郡城反为用神远塞，下砂绕门。陶堰诸山后龙分出为水口，皆小巧秀丽。登穴，只觉众山有情，层峦叠嶂环护，信为名区也。

湖州来龙自天目至孝丰，过幽岭，远不能述。近自霞雾山断向起赤山，断而复起栖贤山，从金斗山渡河起弁山，一枝分康山，为右护，一枝分白雀鸡塞沈洞为左护；起仁王山，左落籁山，右落笼山，夹照跌落，平埠入城。苕溪为右界，雪溪为左界，二水相交。山势既雄壮而夹山西峰诸漾水复潴泽，为贵。南道场山一枝自妙善内分为朝应，从道山头跌下，起长超山、毗山移岸西，余诸小峰水中作水口，仁王山跌下，生笼山又在水口对峙，但水中欠尊星而太湖洞庭远映，山水两全之地，然城中富贵不绝而将相则罕，沈相公又生于马要而大拜于武林，城中无公侯甲第也。长兴从南干大龙而分，远不能述。从冠子山正出，马鞍山跌落穿田起白石山，断而起大复山、鸡笼山、五峰山，起灵山则陈王之祖陵在山，皆小而秀。从灵山之左转入长兴，弁山远障下首太湖潴于前，乌瞻诸峰列于后？包洋、顾渚为左界，画溪、雪溪为右界，可贵者雪溪。自雪水桥分而逆五十余里，绕于前而入太湖，则后主兴王之地也。陈王生于六汇头，六水相汇之处。

武康从幽岭之右峰稍岭分，初落也；分杨坟一枝至金龙山，乐山为外护，中跌断穿田而起德清。德清山秀水清，五星到头，相生而从西门入城腰结也。又穿田数十里，平地顿起寒山，为嘉兴之少祖。跌落平垟至真如，从鸳鸯湖中入城，平砂簇拥，众流环绕，烟雨湖水潴聚澄泓于巽方。来龙清丽，此所以贵也。

凡平洋之地，突起一山到头最贵。如无锡惠山，从锡山入城结县治凡惠山之北，有一脉落即发一贵，常熟虞山平地突起，结县治。山之南，有一脉落发一贵。山顶浮脉委蛇从南，一角天池中，石骨落脉县治；后龙转身兜作护砂，直至山麓，平坡前开一湖汪洋，团聚应穴，则严文靖公祖墓也。

大龙大帐大峡，到头不结。郡邑，其结富贵之地，必多如德兴长塘见图未至其地。若南京牛首之龙，自瓦屋山起东庐山，至溧水蒲里生横山、云台山、吉山、祖堂山而起牛首双峰特峙，成天财土星。左分一枝生吴山，至西善桥止，复于肘后逆上，生大山、小山；右分一枝生翠屏山，从烂石冈落变作冈龙，至麻田止，中抽将军山过黄泥冈起祝禧寺，至安德门生雨花台，前至架冈门、上方门而止。虽为钟山应龙打水，归聚明堂。其中结来西宁兄弟，皆侯；又结周尚书、吴尚书、顾尚书、王尚书、许会元、朱状元、姚进士，其中发贵者不可胜数。左右二枝亦多贵穴，麻田倪尚书祖墓在其地。未发、未葬者尚有遗珠，而来龙不过十余里之内也。

洛阳即今之河南府也。从嵩山而来，过峡石而北变作冈。龙入首后分一枝结北邙山，托于后山，虽不高，蜒蜿而长，顿起首阳山，远映下首，至巩县而止于黄河之中。嵩山抽中干起皇陵山，分出一枝至黑石关为水口，中扩为堂局而四山紧拱，前峰秀峙，伊、洛、瀍涧汇于前，龙之右界水也。稠桑、弘农、好阳诸涧乃左界水，流入黄河，绕于北邙之后。洛河悠扬，至巩县而与黄河合一，大聚会也。

后龙不可轻动，而《囊金篇》中有石山带土者，打断反为出贵之应，读之心窃疑其非。询知浙江义乌镇多发武贵几六七十人，初因镇后八宝山出矿为处州矿贼所据，官兵不能胜，义乌一人倡勇，一夜而杀尽诸贼。戚南塘知其勇而用之，后遂有义乌兵之名，实由打开八宝座山而发也。

兰溪范氏十子九登科，坟图具诸书而穴结于二片巨石交错之中，则甚奇。然内堂之圆聚、九峰之秀丽，莫出其右。其一子未登科者，又为名贤，范香溪也。九峰之旁有一小尖峰，其斯之应乎？

湖州韩状元祖茔从罗山顶落平冈，突起三石，从中巨石横落一线土脉。石首圆净可爱，脉长不过二三十丈，细嫩而秀，乃亥龙也。右首一臂横拦过穴，左首下砂远关。前有夹山漾外诸山，帐内贵人作朝，宜作乾山巽向，今作子山午向。又将右臂开去一段，平作神路。前朝山既不端正，右砂开去又不与左砂相交，右砂之头开直顺窜，此韩公虽发大元而官阶未尊。闻韩公先世更无佳茔。葬此公已三岁，其秉间气而生，此地为贵人之助乎？

凡得龙得穴而乘气不正、作向不正，不害为发福，但不悠久或贵不尊，余屡验之。

徽州程丞相祖墓在府治之西，过化台路傍，赖布衣初至，访其处，询之农夫，农夫妄认为祖以试其验。赖公遂以席帽浪袍山为箬帽蓑衣山许之，为农夫所嗤。故有"我来不识丞相坟，我去留心在飞布"之语。其龙发自临金，从龙变冈左分结毕太常、毕京兆、唐状元祖坟，此则从右起三台，跌落平田数里。来巃隐伏，低平到头，隆起一墩微高，左即龙行不止；高冈为护，右则随龙溪水，一条更无缠护，看之似偏而不偏，何也？龙在乎田，穴情隐伏，水缠便山缠。况有溪外远山高映，溪与高冈相配，一阴一阳、一雌一雄，最贵之格。亥龙入首，作壬山丙向，本身右砂兜转前面，左砂逆生横冈作案，亦阴阳交护；案外诸峰高耸，似压而不压；朝山金、水头，身上挂下枝条若衣褶然，似乱而不乱；大溪水绕于前，天门开而地户肩，内气聚而外气长；信大贵之地也。然非细察，虽布衣名公亦为所误，卜地者可不虚心详审哉？

北京学易斋书目

书　　名	作　者	定　价	版别
影印涵芬楼本正统道藏[宣纸线装;全512函1120册]	[明]张宇初编	480000.00	九州
影印涵芬楼本正统道藏[道林纸线装;全512函1120册]	[明]张宇初编	280000.00	九州
易藏[宣纸线装;全50函200册]	编委会主编	98000.00	九州
重刊术藏[精装全100册]	编委会主编	68000.00	九州
续修术藏[精装全100册]	编委会主编	68000.00	九州
易藏[精装全60册]	编委会主编	48000.00	九州
道藏[精装全60册]	编委会主编	48000.00	九州
御制本草品汇精要[彩版8函32册]	(明)刘文泰等著	18000.00	海南
御纂医宗金鉴[20函80册]	(清)吴谦等著	28000.00	海南
影宋刻备急千金要方[4函16册]	(唐)孙思邈著	2380.00	海南
影元刻千金翼方[2函12册]	(唐)孙思邈著	2380.00	海南
芥子园画传[彩版3函13册]	(清)李渔纂辑	3800.00	华龄
十竹斋书画谱[彩版2函12册]	(明)胡正言编印	2800.00	华龄
影印明天启初刻武备志[精装全16册]	(明)茅元仪撰	13800.00	华龄
药王千金方合刊[精装全16册]	(唐)孙思邈著	13800.00	华龄
焦循文集[精装全18册,库存1套]	[清]焦循撰	9800.00	九州
邵子全书[精装全16册]	[宋]邵雍撰	12800.00	九州
子部珍本1:校正全本地学答问	1函3册	680.00	华龄
子部珍本2:赖仙原本催官经	1函1册	280.00	华龄
子部珍本3:赖仙催官篇注	1函1册	280.00	华龄
子部珍本4:尹注赖仙催官篇	1函1册	280.00	华龄
子部珍本5:赖仙心印	1函1册	280.00	华龄
子部珍本6:新刻赖太素天星催官解	1函2册	480.00	华龄
子部珍本7:天机秘传青囊内传	1函1册	280.00	华龄
子部珍本8:阳宅斗首连篇秘授	1函1册	280.00	华龄
子部珍本9:精刻编集阳宅真传秘诀	1函2册	480.00	华龄
子部珍本10:秘传全本六壬玉连环	1函2册	480.00	华龄
子部珍本11:秘传仙授奇门	1函2册	480.00	华龄
子部珍本12:祝由科诸符秘卷秘旨合刊	1函2册	480.00	华龄
子部珍本13:校正古本入地眼图说	1函2册	480.00	华龄
子部珍本14:校正全本钻地眼图说	1函2册	480.00	华龄
子部珍本15:赖公七十二葬法	1函2册	480.00	华龄
子部珍本16:杨筠松秘传开门放水阴阳捷径	1函2册	480.00	华龄
子部珍本17:校正古本地理五诀	1函2册	480.00	华龄
子部珍本18:重校古本地理雪心赋	1函2册	480.00	华龄

书　　名	作　者	定　价	版别
子部珍本19:吴景鸾先天后天理气心印补注	1函1册	280.00	华龄
子部珍本20:宋国师吴景鸾秘传夹竹梅花院纂	1函2册	480.00	华龄
子部珍本21:影印原本任铁樵注滴天髓阐微	1函4册	1080.00	华龄
子部珍本22:地理真宝一粒粟	1函1册	280.00	华龄
子部珍本23:聚珍全本天机一贯	1函3册	680.00	华龄
子部珍本24:阴宅造福秘诀	1函1册	280.00	华龄
子部珍本25:增补诹吉宝镜图	1函2册	480.00	华龄
子部珍本26:诹吉便览宝镜图	1函1册	280.00	华龄
子部珍本27:诹吉便览八卦图	1函1册	280.00	华龄
子部珍本28:甲遁真授秘集	1函4册	880.00	华龄
子部珍本29:太上祝由科	1函2册	680.00	华龄
子部珍本30:邵康节先生心易梅花数	1函1册	280.00	华龄
子部善本1:新刊地理玄珠(需预订)	2函10册	3000.00	华龄
子部善本2:参赞玄机地理仙婆集(需预订)	2函8册	2400.00	华龄
子部善本3:章仲山地理九种(需预订)	1函5册	1500.00	华龄
子部善本4:八门九星阴阳二遁全本奇门断	2函18册	5400.00	华龄
子部善本5:六壬统宗大全(需预订)	2函6册	1800.00	华龄
子部善本6:太乙统宗宝鉴(需预订)	2函8册	2400.00	华龄
子部善本7:重刊星海词林(需预订)	14函56册	16800.00	华龄
子部善本8:万历初刻三命通会(需预订)	2函12册	3600.00	华龄
子部善本9:增广沈氏玄空学(需预订)	2函8册	2400.00	华龄
子部善本10:江公择日秘稿(需预订)	2函6册	1800.00	华龄
子部善本11:刘氏家藏阐微通书(需预订)	3函12册	3600.00	华龄
子部善本12:影印增补高岛易断(需预订)	2函8册	2400.00	华龄
子部善本13:清刻足本铁板神数(需预订)	3函13册	3900.00	华龄
子部善本14:增订天官五星集腋(需预订)	2函10册	3000.00	华龄
子部善本15:太乙奇门六壬兵备统宗(需预订)	9函36册	10800.00	华龄
子部善本16:御定景祐奇门大全(需预订)	8函32册	9600.00	华龄
子部善本17:地理四秘全书十二种(需预订)	4函16册	4800.00	华龄
子部善本18:全本地理统一全书(需预订)	3函15册	4500.00	华龄
子部善本19:廖公画策扒砂经(需预订)	1函4册	1200.00	华龄
子部善本20:明刊玉髓真经(需预订)	7函21册	6300.00	华龄
子部善本21:蒋大鸿家藏地学捷旨(需预订)	1函4册	1200.00	华龄
子部善本22:阳宅安居金镜(需预订)	1函4册	1200.00	华龄
子部善本23:新刊地理紫囊书(需预订)	2函6册	1800.00	华龄
子部善本24:地理大成五种(需预订)	8函24册	7200.00	华龄
子部善本25:初刻鳌头通书大全(需预订)	2函10册	3000.00	华龄
子部善本26:初刻象吉备要通书大全(需预订)	3函12册	3600.00	华龄
子部善本27:武英殿板钦定协纪辨方书	8函24册	7200.00	华龄
子部善本28:初刻陈子性藏书(需预订)	2函6册	1800.00	华龄

书　　名	作　者	定　价	版别
重刻故宫藏百二汉镜斋秘书四种(一):火珠林	1函1册	300.00	华龄
重刻故宫藏百二汉镜斋秘书四种(二):灵棋经	1函1册	300.00	华龄
重刻故宫藏百二汉镜斋秘书四种(三):滴天髓	1函1册	300.00	华龄
重刻故宫藏百二汉镜斋秘书四种(四):测字秘牒	1函1册	300.00	华龄
中外戏法图说:鹅幻汇编鹅幻余编合刊	1函3册	780.00	华龄
连山[一函一册]	[清]马国翰辑	280.00	华龄
归藏[一函一册]	[清]马国翰辑	280.00	华龄
周易虞氏义笺订[一函六册]	[清]李翊灼订	1180.00	华龄
周易参同契通真义	1函2册	480.00	华龄
御制周易[一函三册]	武英殿影宋本	680.00	华龄
宋刻周易本义[一函四册]	[宋]朱熹撰	980.00	华龄
易学启蒙[一函二册]	[宋]朱熹撰	480.00	华龄
易余[一函二册]	[明]方以智撰	480.00	九州
奇门鸣法	[一函二册]	680.00	华龄
奇门衍象	[一函二册]	480.00	华龄
奇门枢要	[一函二册]	480.00	华龄
奇门仙机[一函三册]	王力军校订	298.00	华龄
奇门心法秘纂[一函三册]	王力军校订	298.00	华龄
御定奇门秘诀[一函三册]	[清]湖海居士辑	680.00	华龄
宫藏奇门大全[线装五函二十五册]	[清]湖海居士辑	6800.00	星易
遁甲奇门秘传要旨大全[线装二函十册]	[清]范阳耐寒子辑	6200.00	星易
增广神相全编[线装一函四册]	[明]袁琪订正	980.00	星易
龙伏山人存世文稿[五函十册]	[清]矫子阳撰	2800.00	九州
奇门遁甲鸣法[一函二册]	[清]矫子阳撰	680.00	九州
奇门遁甲衍象[一函二册]	[清]矫子阳撰	480.00	九州
奇门遁甲枢要[一函二册]	[清]矫子阳撰	480.00	九州
遁甲括囊集[一函三册]	[清]矫子阳撰	980.00	九州
增注蒋公古镜歌[一函一册]	[清]矫子阳撰	180.00	九州
古本皇极经世书[一函三册]	[宋]邵雍撰	980.00	九州
明抄真本梅花易数[一函三册]	[宋]邵雍撰	480.00	九州
订正六壬金口诀[一函六册]	[清]巫国匡辑	1280.00	华龄
六壬神课金口诀[一函三册]	[明]适适子撰	298.00	华龄
改良三命通会[一函四册,第二版]	[明]万民英撰	980.00	华龄
增补选择通书玉匣记[一函二册]	[晋]许逊撰	480.00	华龄
绘图全本鲁班经匠家镜	1函4册	680.00	华龄
菊逸山房地理正书(天函):地理点穴撼龙经	1函3册	680.00	华龄
菊逸山房地理正书(地函):秘藏疑龙大全	1函1册	280.00	华龄
菊逸山房地理正书(人函):杨公秘本山法备收	1函1册	280.00	华龄
青囊海角经	1函4册	680.00	华龄
阳宅三要	1函3册	298.00	华龄

书　名	作　者	定　价	版别
子部珍本备要（宣纸线装）		分函售价	九州
001 峿嵝神书	1函1册	280.00	九州
002 地理唉蔗录	1函4册	880.00	九州
003 地理玄珠精选	1函4册	880.00	九州
004 地理琢玉斧峦头歌括	1函4册	880.00	九州
005 金氏地学粹编	3函8册	1840.00	九州
006 风水一书	1函4册	880.00	九州
007 风水二书	1函4册	880.00	九州
008 增注周易神应六亲百章海底眼	1函1册	280.00	九州
009 卜易指南	1函1册	280.00	九州
010 大六壬占验	1函1册	280.00	九州
011 真本六壬神课金口诀	1函3册	680.00	九州
012 太乙指津	1函2册	480.00	九州
013 太乙金钥匙 太乙金钥匙续集	1函1册	280.00	九州
014 奇门遁甲占验天时	1函2册	480.00	九州
015 南阳掌珍遁甲	1函1册	280.00	九州
016 达摩易筋经 易筋经外经图说 八段锦	1函1册	280.00	九州
017 钦天监彩绘真本推背图	1函2册	680.00	九州
018 清抄全本玉函通秘	1函3册	680.00	九州
019 灵棋经	1函1册	280.00	九州
020 道藏灵符秘法	4函9册	2100.00	九州
021 地理青囊玉尺度金针集	1函6册	1280.00	九州
022 奇门秘传九宫纂要	1函1册	280.00	九州
023 影印清抄耕寸集－真本子平真诠	1函2册	480.00	九州
024 新刊合并官板音义评注渊海子平	1函2册	480.00	九州
025 影抄宋本五行精纪	1函6册	1080.00	九州
026 影印明刻阴阳五要奇书1－郭氏阴阳元经	1函2册	480.00	九州
027 影印明刻阴阳五要奇书2－克择璇玑括要	1函1册	280.00	九州
028 影印明刻阴阳五要奇书3－阳明按索图	1函2册	480.00	九州
029 影印明刻阴阳五要奇书4－佐玄直指	1函2册	480.00	九州
030 影印明刻阴阳五要奇书5－三白宝海钩玄	1函1册	280.00	九州
031 相命图诀许负相法十六篇合刊	1函1册	280.00	九州
032 玉掌神相神相铁关刀合刊	1函1册	280.00	九州
033 古本太乙淘金歌	1函1册	280.00	九州
034 重刊地理葬埋黑通书	1函2册	480.00	九州
035 壬归	1函2册	480.00	九州
036 大六壬苗公鬼撮脚二种合刊	1函1册	280.00	九州
037 大六壬鬼撮脚射覆	1函2册	480.00	九州
038 大六壬金柜经	1函1册	280.00	九州
039 纪氏奇门秘书仕学备余	1函1册	280.00	九州

书　名	作　者	定　价	版别
040 八门九星阴阳二遁全本奇门断	2函18册	3680.00	九州
041 李卫公奇门心法	1函1册	280.00	九州
042 武侯行兵遁甲金函玉镜海底眼	1函1册	280.00	九州
043 诸葛武侯奇门千金诀	1函1册	280.00	九州
044 隔夜神算	1函1册	280.00	九州
045 地理五种秘笈合刊	1函1册	280.00	九州
046 地理雪心赋句解	1函2册	480.00	九州
047 九天玄女青囊经	1函1册	280.00	九州
048 考定撼龙经	1函1册	280.00	九州
049 刘江东家藏善本葬书	1函1册	280.00	九州
050 杨公六段玄机赋杨筠松安门楼玉辇经合刊	1函1册	280.00	九州
051 风水金鉴	1函1册	280.00	九州
052 新镌碎玉剖秘地理不求人	1函2册	480.00	九州
053 阳宅八门金光斗临经	1函1册	280.00	九州
054 新镌徐氏家藏罗经顶门针	1函2册	480.00	九州
055 影印乾隆丙午刻本地理五诀	1函4册	880.00	九州
056 地理诀要雪心赋	1函2册	480.00	九州
057 蒋氏平阶家藏善本插泥剑	1函1册	280.00	九州
058 蒋大鸿家传地理归厚录	1函1册	280.00	九州
059 蒋大鸿家传三元地理秘书	1函1册	280.00	九州
060 蒋大鸿家传天星选择秘旨	1函1册	280.00	九州
061 撼龙经批注校补	1函4册	880.00	九州
062 疑龙经批注校补一全	1函1册	280.00	九州
063 种筠书屋较订山法诸书	1函2册	480.00	九州
064 堪舆倒杖诀 拨砂经遗篇 合刊	1函1册	280.00	九州
065 认龙天宝经	1函1册	280.00	九州
066 天机望龙经刘氏心法 杨公骑龙穴诗合刊	1函1册	280.00	九州
067 风水一夜仙秘传三种合刊	1函1册	280.00	九州
068 新镌地理八窍	1函2册	480.00	九州
069 地理解醒	1函1册	280.00	九州
070 峦头指迷	1函3册	680.00	九州
071 茅山上清灵符	1函2册	480.00	九州
072 茅山上清镇禳摄制秘法	1函1册	280.00	九州
073 天医祝由科秘抄	1函2册	480.00	九州
074 千镇百镇桃花镇	1函2册	480.00	九州
075 轩辕碑记医学祝由十三科治病奇书合刊	1函1册	280.00	九州
076 清抄真本祝由科秘诀全书	1函3册	680.00	九州
077 增补秘传万法归宗	1函2册	480.00	九州
078 祝由科诸符秘卷祝由科诸符秘旨合刊	1函1册	280.00	九州
079 辰州符咒大全	1函4册	880.00	九州

书　名	作　者	定　价	版别
080 万历初刻三命通会	2函12册	2480.00	九州
081 新编三车一览子平渊源注解	1函3册	680.00	九州
082 命理用神精华	1函3册	680.00	九州
083 命学探骊集	1函1册	280.00	九州
084 相诀摘要	1函2册	480.00	九州
085 相法秘传	1函1册	280.00	九州
086 新编相法五总龟	1函1册	280.00	九州
087 相学统宗心易秘传	1函2册	480.00	九州
088 秘本大清相法	1函2册	480.00	九州
089 相法易知	1函1册	280.00	九州
090 星命风水秘传	1函1册	280.00	九州
091 大六壬隔山照	1函2册	480.00	九州
092 大六壬考正	1函1册	280.00	九州
093 大六壬类阐	1函2册	480.00	九州
094 六壬心镜集注	1函1册	280.00	九州
095 遁甲吾学编	1函2册	480.00	九州
096 刘明江家藏善本奇门衍象	1函1册	280.00	九州
097 遁甲天书秘文	1函2册	480.00	九州
098 金枢符应秘文	1函2册	480.00	九州
099 秘传金函奇门隐遁丁甲法书	1函2册	480.00	九州
100 六壬行军指南	2函10册	2080.00	九州
101 家藏阴阳二宅秘诀线法	1函2册	480.00	九州
102 阳宅一书阴宅一书合刊	1函1册	280.00	九州
103 地理法门全书	1函1册	280.00	九州
104 四真全书玉钥匙	1函1册	280.00	九州
105 重刊官板玉髓真经	1函4册	880.00	九州
106 明刊阳宅真诀	1函2册	480.00	九州
107 阳宅指南	1函1册	280.00	九州
108 阳宅秘传三书	1函1册	280.00	九州
109 阳宅都天滚盘珠	1函1册	280.00	九州
110 纪氏地理水法要诀	1函1册	280.00	九州
111 李默斋先生地理辟径集	1函2册	480.00	九州
112 李默斋先生辟径集续篇 地理秘缺	1函2册	480.00	九州
113 地理辨正自解	1函1册	280.00	九州
114 形家五要全编	1函4册	880.00	九州
115 地理辨正抉要	1函1册	280.00	九州
116 地理辨正揭隐	1函1册	280.00	九州
117 地学铁骨秘	1函1册	280.00	九州
118 地理辨正发秘初稿	1函1册	280.00	九州
119 三元宅墓图	1函1册	280.00	九州

书　名	作　者	定　价	版别
120 参赞玄机地理仙婆集	2函8册	1680.00	九州
121 幕讲禅师玄空秘旨浅注外七种	1函1册	280.00	九州
122 玄空挨星图诀	1函1册	280.00	九州
123 影印稿本玄空地理筌蹄	1函1册	280.00	九州
124 玄空古义四种通释	1函2册	480.00	九州
125 地理疑义答问	1函1册	280.00	九州
126 王元极地理辨正冒禁录	1函1册	280.00	九州
127 王元极校补天元选择辨正	1函3册	680.00	九州
128 王元极选择辨真全书	1函1册	280.00	九州
129 王元极增批地理冰海原本地理冰海合刊	1函1册	280.00	九州
130 王元极三元阳宅萃篇	1函2册	480.00	九州
131 尹一勺先生地理精语	1函1册	280.00	九州
132 古本地理元真	1函2册	480.00	九州
133 杨公秘本搜地灵	1函1册	280.00	九州
134 秘藏千里眼	1函1册	280.00	九州
135 道光刊本地理或问	1函1册	280.00	九州
136 影印稿本地理秘诀	1函2册	480.00	九州
137 地理秘诀隔山照 地理括要 合刊	1函1册	280.00	九州
138 地理前后五十段	1函2册	480.00	九州
139 心耕书屋藏本地经图说	1函1册	280.00	九州
140 地理古本道法双谭	1函1册	280.00	九州
141 奇门遁甲元灵经	1函1册	280.00	九州
142 黄帝遁甲归藏大意 白猿真经 合刊	1函1册	280.00	九州
143 遁甲符应经	1函2册	480.00	九州
144 遁甲通明钤	1函1册	280.00	九州
145 景祐奇门秘纂	1函2册	480.00	九州
146 奇门先天要论	1函2册	480.00	九州
147 御定奇门古本	1函2册	480.00	九州
148 奇门吉凶格解	1函1册	280.00	九州
149 御定奇门宝鉴	1函3册	680.00	九州
150 奇门阐易	1函2册	480.00	九州
151 六壬总论	1函1册	280.00	九州
152 稿抄本大六壬翠羽歌	1函1册	280.00	九州
153 都天六壬神课	1函1册	280.00	九州
154 大六壬易简	1函2册	480.00	九州
155 太上六壬明鉴符阴经	1函1册	280.00	九州
156 增补关煞袖里金百中经	1函1册	280.00	九州
157 演禽三世相法	1函2册	480.00	九州
158 合婚便览 和合婚姻咒 合刊	1函1册	280.00	九州
159 神数十种	1函1册	280.00	九州

书　　名	作者	定价	版别
160 神机灵数—掌经金钱课合刊	1函1册	280.00	九州
161 阴阳二宅易知录	1函2册	480.00	九州
162 阴宅镜	1函2册	480.00	九州
163 阳宅镜	1函1册	280.00	九州
164 清精抄本六圃地学	1函1册	280.00	九州
165 形峦神断书	1函1册	280.00	九州
166 堪舆三昧	1函1册	280.00	九州
167 遁甲奇门捷要	1函1册	280.00	九州
168 奇门遁甲备览	1函1册	280.00	九州
169 原传真本石室藏本圆光真传秘诀合刊	1函1册	280.00	九州
170 明抄全本壬归	1函4册	880.00	九州
171 董德彰水法秘诀水法断诀合刊	1函1册	280.00	九州
172 董德彰先生水法图说	1函1册	280.00	九州
173 董德彰先生泄天机纂要	1函2册	480.00	九州
174 李默斋先生地理秘传	1函2册	480.00	九州
175 新锓希夷陈先生紫微斗数全书	1函3册	680.00	九州
176 海源阁藏明刊麻衣相法全编	1函2册	480.00	九州
177 袁忠彻先生相法秘传	1函3册	680.00	九州
178 火珠林要旨 筮杙	1函2册	480.00	九州
179 火珠林占法秘传 续筮杙	1函1册	280.00	九州
180 六壬类聚	1函4册	880.00	九州
181 新刻麻衣相神异赋	1函1册	280.00	九州
182 诸葛武侯奇门遁甲全书	1函2册	480.00	九州
183 张九仪传地理偶摘	1函1册	280.00	九州
184 张九仪传地理偶注	1函1册	280.00	九州
185 阳宅玄珠	1函1册	280.00	九州
186 阴宅总论	1函1册	280.00	九州
187 新刻杨救贫秘传阴阳二宅便用统宗	1函1册	280.00	九州
188 增补理气图说	1函2册	480.00	九州
189 增补罗经图说	1函1册	280.00	九州
190 重镌官板阳宅大全	1函4册	880.00	九州
191 景祐太乙福应经	1函1册	280.00	九州
192 景祐遁甲符应经	1函3册	680.00	九州
193 景祐六壬神定经	1函3册	680.00	九州
194 御制禽遁符应经	1函2册	480.00	九州
195 秘传匠家鲁班经符法	1函3册	680.00	九州
196 哈佛藏本太史黄际飞注天玉经	1函1册	280.00	九州
197 李三素先生红囊经解	1函1册	280.00	九州
198 杨曾青囊天玉通义	1函1册	280.00	九州
199 重编大清钦天监焦秉贞彩绘历代推背图解	1函2册	680.00	九州

书　名	作　者	定　价	版别
200 道光初刻相理衡真	1函4册	880.00	九州
201 新刻袁柳庄先生秘传相法	1函3册	680.00	九州
202 袁忠彻相法古今识鉴	1函2册	480.00	九州
203 袁天纲五星三命指南	1函2册	480.00	九州
204 新刻五星玉镜	1函3册	680.00	九州
205 游艺录:筮遁壬行年斗数相宅	1函1册	280.00	九州
206 新订王氏罗经透解	1函2册	480.00	九州
207 堪舆真诠	1函3册	680.00	九州
208 青囊天机奥旨二种	1函1册	280.00	九州
209 张九仪传地理偶录	1函1册	280.00	九州
210 地学形势集	1函8册	1680.00	九州
211 神相水镜集	1函4册	880.00	九州
212 稀见相学秘笈四种合刊	1函2册	480.00	九州
213 神相金较剪	1函1册	280.00	九州
214 神相证验百条	1函2册	480.00	九州
215 全本神相全编	1函3册	680.00	九州
216 神相全编正义	1函3册	680.00	九州
217 八宅明镜	1函2册	480.00	九州
218 阳宅卜居秘髓	1函3册	680.00	九州
219 地理乾坤法窍	1函3册	680.00	九州
220 秘传廖公画筴拨砂经	1函4册	880.00	九州
221 地理囊金集注	1函1册	280.00	九州
222 赤松子罗经要旨	1函1册	280.00	九州
223 萧仙地理心法堪舆经	1函2册	480.00	九州
224 新刻地理搜龙奥语	1函2册	480.00	九州
225 新刻风水珠神真经	1函2册	480.00	九州
226 寻龙点穴地理索隐	1函1册	280.00	九州
227 杨公撼龙经考注	1函2册	480.00	九州
228 李德贞秘授三元秘诀	1函1册	280.00	九州
229 地理支陇乘气论	1函2册	480.00	九州
230 道光刻全本相山撮要	2函6册	1500.00	九州
231 药王真传祝由科全编	1函1册	280.00	九州
232 梵音斗科符箓秘书	1函2册	580.00	九州
233 御定奇门灵占	1函4册	880.00	九州
234 御定奇门宝镜图	1函2册	480.00	九州
235 汇纂大六壬玉钥匙心诀	1函1册	280.00	九州
236 补完直解六壬五变中黄经	1函2册	480.00	九州
237 六壬节要直讲	1函2册	480.00	九州
238 六壬神课捷要占验	1函1册	280.00	九州
239 六壬袖传神课捷要	1函1册	280.00	九州

书　　名	作　者	定　价	版别
240 秘藏大六壬大全善本	2函8册	1800.00	九州
241 阳宅藏书	1函2册	480.00	九州
242 阳宅觉元氏新书	1函1册	280.00	九州
243 阳宅拾遗	1函2册	480.00	九州
244 阳基集腋	1函2册	480.00	九州
245 阴阳二宅指正	1函2册	480.00	九州
246 九天玄妙秘书内经	1函1册	280.00	九州
247 青乌葬经葬经翼	1函1册	280.00	九州
248 阳宅六十四卦秘断	1函1册	280.00	九州
249 杨曾地理秘传捷诀	1函3册	680.00	九州
250 三元堪舆秘笈救败全书	1函4册	880.00	九州
251 纪氏地理末学	1函2册	480.00	九州
252 堪舆说原	1函1册	280.00	九州
253 河洛正变喝穴集	1函1册	280.00	九州
254 太上洞玄灵宝素灵真符	1函1册	280.00	九州
255 道家神符霶咒秘传	1函1册	280.00	九州
256 堪舆秘传六十四论记师口诀	1函2册	480.00	九州
257 相法秘笈太乙照神经	1函3册	680.00	九州
258 哈佛藏子平格局解要	1函2册	480.00	九州
259 三车一览命书详论	1函2册	480.00	九州
260 万历初刊平学大成	1函4册	880.00	九州
261 古本推背图说	1函2册	680.00	九州
262 董氏诹吉新书	1函2册	480.00	九州
263 蒋大鸿四十八局图	1函1册	280.00	九州
264 阳宅紫府宝鉴	1函2册	480.00	九州
265 宅经类纂	1函3册	680.00	九州
266 杨公画筴图	1函1册	280.00	九州
267 刘江东秘传金函经	1函1册	280.00	九州
268 垩元总录	1函2册	480.00	九州
269 纪氏奇门占验奇门遁甲要略合刊	1函1册	280.00	九州
270 奇门统宗大全	1函4册	880.00	九州
271 刘天君祛治符法秘卷	1函3册	680.00	九州
272 圣济总录祝由术全编	1函2册	480.00	九州
273 子平星学精华	1函1册	280.00	九州
274 紫微斗数命理宣微	1函1册	280.00	九州
275 火珠林卦爻精究集	1函2册	480.00	九州
276 韩图孤本奇门秘要	1函1册	280.00	九州
277 哈佛藏明抄六壬断易秘诀	1函1册	280.00	九州
278 大六壬会要全集	1函3册	680.00	九州
279 乾隆初刊六壬视斯	1函2册	480.00	九州

书　名	作　者	定　价	版别
280 精抄历代六壬占验汇选	2函6册	1280.00	九州
281 张九仪先生东湖地学	1函1册	280.00	九州
282 张九仪先生东湖砂法	1函1册	280.00	九州
283 张九仪先生东湖水法	1函1册	280.00	九州
284 姚氏地理辨正图说	1函1册	280.00	九州
285 地理辨正补注	1函2册	480.00	九州
286 地理丛谈元运发微	1函1册	280.00	九州
287 元空宅法举隅	1函1册	280.00	九州
288 平洋地理玉函经	1函1册	280.00	九州
289 元空法鉴三种	1函3册	680.00	九州
290 蒋大鸿先生地理合璧	2函7册	1480.00	九州
291 新刊地理五经图解	1函3册	680.00	九州
292 三元地理辨惑	1函1册	280.00	九州
293 风水内传秘旨	1函1册	280.00	九州
294 杜氏地理图说	1函2册	480.00	九州
295 地学仁孝必读	1函5册	1080.00	九州
296 地理秘珍	1函2册	480.00	九州
297 秘传四课仙机水法	1函1册	280.00	九州
298 地理辨正图诀	1函1册	280.00	九州
299 灵城精义笺	1函1册	280.00	九州
300 仰山子新辑地理条贯	2函6册	1280.00	九州
301 秘传堪舆经传类纂	1函1册	280.00	九州
302 秘传堪舆论状类纂	1函1册	280.00	九州
303 秘传堪舆秘书类纂	1函1册	280.00	九州
304 秘传堪舆诗赋歌诀类纂	1函2册	480.00	九州
305 秘传堪舆问答类纂	1函1册	280.00	九州
306 秘传堪舆杂录类纂	1函2册	480.00	九州
307 秘传堪舆辨惑类纂	1函1册	280.00	九州
308 秘传堪舆断诀类纂	1函1册	280.00	九州
309 秘传堪舆穴法类纂	1函1册	280.00	九州
310 秘传堪舆葬法类纂	1函1册	280.00	九州
311 大六壬兵占三种	1函2册	480.00	九州
312 大六壬秘书四种	1函2册	480.00	九州
313 大六壬毕法注解	1函1册	280.00	九州
314 大六壬课体订讹	1函1册	280.00	九州
315 大六壬类占	1函2册	480.00	九州
316 大六壬全编	1函2册	480.00	九州
317 大六壬杂释	1函1册	280.00	九州
318 大六壬心镜	1函2册	480.00	九州
319 六壬灵课玉洞金书	1函1册	280.00	九州

书　　名	作　者	定　价	版别
320 六壬通仙	1函4册	880.00	九州
321 五种秘窍全书－1－地理秘窍	1函1册	280.00	九州
322 五种秘窍全书－2－选择秘窍	1函4册	880.00	九州
323 五种秘窍全书－3－天星秘窍	1函1册	280.00	九州
324 五种秘窍全书－4－罗经秘窍	1函4册	880.00	九州
325 五种秘窍全书－5－奇门秘窍	1函2册	480.00	九州
326 新编杨曾地理家传心法捷诀一贯堪舆	2函8册	1780.00	九州
327 玉函铜函真经阴阳剪裁图注	1函3册	680.00	九州
328 新刻石函平砂玉尺经全书	1函2册	480.00	九州
329 三元通天照水经	1函2册	480.00	九州
330 堪舆经书	1函5册	1080.00	九州
331 神相汇编	1函2册	480.00	九州
332 管辂神相秘传	1函1册	280.00	九州
333 冰鉴秘本七篇月波洞中记合刊	1函1册	280.00	九州
334 太清神鉴录	1函2册	480.00	九州
335 新刊京本厘正总括天机星学正传	2函10册	2180.00	九州
336 新监七政归垣司台历数袖里璇玑	1函4册	880.00	九州
337 道藏古本紫微斗数	1函2册	480.00	九州
338 增补诸家选择万全玉匣记	1函2册	480.00	九州
339 杨公造命要诀	1函1册	280.00	九州
340 造命宗镜	1函6册	1280.00	九州
341 上清灵宝济度金书符咒大成	2函9册	1980.00	九州
342 青城山铜板祝由十三科	1函2册	480.00	九州
343 抄本祝由科别传	1函1册	280.00	九州
344 遁甲演义	1函2册	480.00	九州
345 武侯奇门遁甲玄机赋	1函1册	280.00	九州
346 北法变化禽书	1函1册	280.00	九州
347 卜筮全书	1函6册	1280.00	九州
348 卜筮正宗	1函4册	880.00	九州
349 易隐	1函4册	880.00	九州
350 野鹤老人占卜全书	1函5册	1280.00	九州
351 地理会心集	1函2册	480.00	九州
352 罗经会心集	1函2册	480.00	九州
353 阳宅会心集	1函1册	280.00	九州
354 秘传图注龙经全集	1函3册	680.00	九州
355 地理精微集	1函2册	480.00	九州
356 地理拾铅峦头理气合编	1函2册	480.00	九州
357 萧客真诀	1函1册	280.00	九州
358 地理铁案	1函2册	480.00	九州
359 秘传四神课书仙机消纳水法	1函2册	480.00	九州

书　名	作　者	定　价	版别
360 蒋大鸿先生地理真诠	2函7册	1480.00	九州
361 蒋大鸿仙诀小引	1函1册	280.00	九州
362 管氏地理指蒙	1函1册	280.00	九州
363 原本山洋指迷	1函2册	480.00	九州
364 形家集要	1函1册	280.00	九州
365 重镌地理天机会元	3函15册	3080.00	九州
366 地理方外别传	1函2册	480.00	九州
367 堪舆至秘旅寓集	1函1册	280.00	九州
368 堪舆管见	1函1册	280.00	九州
369 四神秘诀	1函2册	480.00	九州
370 地理辨正补	1函3册	680.00	九州
371 金书秘奥地理一片金合刊	1函1册	280.00	九州
372 阳宅玉髓真经阴宅制煞秘法合刊	1函1册	280.00	九州
373 堪舆至秘旅寓集 堪舆秘传	1函1册	280.00	九州
374 地学杂钞连珠水法合刊	1函1册	280.00	九州
375 黄妙应仙师五星仙机制化砂法	1函2册	480.00	九州
376 造葬便览	1函1册	280.00	九州
377 大六壬秘本	1函2册	480.00	九州
378 太乙统类	1函1册	280.00	九州
379 新雕注疏珞琭子三命消息赋	1函1册	280.00	九州
380 新编四家注解经进珞琭子消息赋	1函2册	480.00	九州
381 清代民间实用灵符汇编	1函2册	680.00	九州
382 王国维批校宋本焦氏易林	1函2册	480.00	九州
383 新刊应验天机易卦通神	1函1册	280.00	九州
384 新镌周易数	1函5册	1080.00	九州
增补四库青乌辑要[,全18函59册]	郑同校	11680.00	九州
第1种:宅经[1册]	[署]黄帝撰	180.00	九州
第2种:葬书[1册]	[晋]郭璞撰	220.00	九州
第3种:青囊序青囊奥语天玉经[1册]	[唐]杨筠松撰	220.00	九州
第4种:黄囊经[1册]	[唐]杨筠松撰	220.00	九州
第5种:黑囊经[2册]	[唐]杨筠松撰	380.00	九州
第6种:锦囊经[1册]	[晋]郭璞撰	200.00	九州
第7种:天机贯旨红囊经[2册]	[清]李三素撰	380.00	九州
第8种:玉函天机素书/至宝经[1册]	[明]董德彰撰	200.00	九州
第9种:天机一贯[2册]	[清]李三素撰辑	380.00	九州
第10种:撼龙经[1册]	[唐]杨筠松撰	200.00	九州
第11种:疑龙经葬法倒杖[1册]	[唐]杨筠松撰	220.00	九州
第12种:疑龙经辨正[1册]	[唐]杨筠松撰	200.00	九州
第13种:寻龙记太华经[1册]	[唐]曾文辿撰	220.00	九州
第14种:宅谱要典[2册]	[清]铣溪野人校	380.00	九州

书　　名	作　　者	定　价	版别
第15种:阳宅必用[2册]	心灯大师校订	380.00	九州
第16种:阳宅撮要[2册]	[清]吴鼒撰	380.00	九州
第17种:阳宅正宗[1册]	[清]姚承舆撰	200.00	九州
第18种:阳宅指掌[2册]	[清]黄海山人撰	380.00	九州
第19种:相宅新编[1册]	[清]焦循校刊	240.00	九州
第20种:阳宅井明[2册]	[清]邓颖出撰	380.00	九州
第21种:阴宅井明[1册]	[清]邓颖出撰	220.00	九州
第22种:灵城精义[2册]	[南唐]何溥撰	380.00	九州
第23种:龙穴砂水说[1册]	清抄秘本	180.00	九州
第24种:三元水法秘诀[2册]	清抄秘本	380.00	九州
第25种:罗经秘传[2册]	[清]傅禹辑	380.00	九州
第26种:穿山透地真传[2册]	[清]张九仪撰	380.00	九州
第27种:催官篇发微论[2册]	[宋]赖文俊撰	380.00	九州
第28种:人地眼神断要诀[2册]	清抄秘本	380.00	九州
第29种:玄空大卦秘断[1册]	清抄秘本	200.00	九州
第30种:玄空大五行真传口诀[1册]	[明]蒋大鸿等撰	220.00	九州
第31种:杨曾九宫颠倒打劫图说[1册]	[唐]杨筠松撰	200.00	九州
第32种:乌兔经奇验经[1册]	[唐]杨筠松撰	180.00	九州
第33种:挨星考注[1册]	[清]汪董缘订定	260.00	九州
第34种:地理挨星说汇要[1册]	[明]蒋大鸿撰辑	220.00	九州
第35种:地理捷诀[1册]	[清]傅禹辑	200.00	九州
第36种:地理三仙秘旨[1册]	清抄秘本	200.00	九州
第37种:地理三字经[3册]	[清]程思乐撰	580.00	九州
第38种:地理雪心赋注解[2册]	[唐]卜则巍撰	380.00	九州
第39种:蒋公天元余义[1册]	[明]蒋大鸿等撰	220.00	九州
第40种:地理真传秘旨[3册]	[唐]杨筠松撰	580.00	九州
增补四库未收方术汇刊第一辑(全28函)	线装影印本	11800.00	九州
第一辑01函:火珠林·卜筮正宗	[宋]麻衣道者著	340.00	九州
第一辑02函:全本增删卜易·增删卜易真诠	[清]野鹤老人撰	720.00	九州
第一辑03函:渊海子平音义评注·子平真诠·命理易知	[明]杨淙增校	360.00	九州
第一辑04函:滴天髓:附滴天秘诀·穷通宝鉴:附月谈赋	[宋]京图撰	360.00	九州
第一辑05函:参星秘要谇吉便览·玉函斗首三台通书·精校三元总录	[清]俞荣宽撰	460.00	九州
第一辑06函:陈子性藏书	[清]陈应选撰	580.00	九州
第一辑07函:崇正辟谬永吉通书·选择求真	[清]李奉来辑	500.00	九州
第一辑08函:增补选择通书玉匣记·永宁通书	[晋]许逊撰	400.00	九州
第一辑09函:新增阳宅爱众篇	[清]张觉正撰	480.00	九州
第一辑10函:地理四弹子·地理铅弹子砂水要诀	[清]张九仪注	340.00	九州
第一辑11函:地理五诀	[清]赵九峰著	200.00	九州

书　　名	作　者	定　价	版别
第一辑12函:地理直指原真	[清]释如玉撰	280.00	九州
第一辑13函:宫藏真本入地眼全书	[宋]释静道著	680.00	九州
第一辑14函:罗经顶门针·罗经解定·罗经透解	[明]徐之镆撰	360.00	九州
第一辑15函:校正详图青囊经·平砂玉尺经·地理辨正疏	[清]王宗臣著	300.00	九州
第一辑16函:一贯堪舆	[明]唐世友辑	240.00	九州
第一辑17函:阳宅大全·阳宅十书	[明]一壑居士集	600.00	九州
第一辑18函:阳宅大成五种	[清]魏青江撰	600.00	九州
第一辑19函:奇门五总龟·奇门遁甲统宗大全·奇门遁甲元灵经	[明]池纪撰	500.00	九州
第一辑20函:奇门遁甲秘笈全书	[明]刘伯温辑	280.00	九州
第一辑21函:奇门庐中阐秘	[汉]诸葛武侯撰	600.00	九州
第一辑22函:奇门遁甲元机·太乙秘书·六壬大占	[宋]岳珂纂辑	360.00	九州
第一辑23函:性命圭旨	[明]尹真人撰	480.00	九州
第一辑24函:紫微斗数全书	[宋]陈抟撰	200.00	九州
第一辑25函:千镇百镇桃花镇	[清]云石道人校	220.00	九州
第一辑26函:清抄真本祝由科秘诀全书·轩辕碑记医学祝由十三科	[上古]黄帝传	800.00	九州
第一辑27函:增补秘传万法归宗	[唐]李淳风撰	160.00	九州
第一辑28函:神机灵数一掌经金钱课·牙牌神数七种·珍本演禽三世相法	[清]诚文信校	440.00	九州
增补四库未收方术汇刊第二辑(全36函)	线装影印本	13800.00	九州
第二辑第1函:六爻断易一撮金·卜易秘诀海底眼	[宋]邵雍撰	200.00	九州
第二辑第2函:秘传子平渊源	燕山郑同校辑	280.00	九州
第二辑第3函:命理探原	[清]袁树珊撰	280.00	九州
第二辑第4函:命理正宗	[明]张楠撰集	180.00	九州
第二辑第5函:造化玄钥	庄圆校补	220.00	九州
第二辑第6函:命理寻源·子平管见	[清]徐乐吾撰	280.00	九州
第二辑第7函:京本风鉴相法	[明]回阳子校辑	380.00	九州
第二辑第8-9函:钦定协纪辨方书8册	[清]允禄编	780.00	九州
第二辑第10-11函:鳌头通书10册	[明]熊宗立撰辑	880.00	九州
第二辑第12-13函:象吉通书	[清]魏明远撰辑	1080.00	九州
第二辑第14函:选择宗镜·选择纪要	[朝鲜]南秉吉撰	360.00	九州
第二辑第15函:选择正宗	[清]顾宗秀撰辑	480.00	九州
第二辑第16函:仪度六壬选日要诀	[清]张九仪撰	680.00	九州
第二辑第17函:葬事择日法	郑同校辑	280.00	九州
第二辑第18函:地理不求人	[清]吴明初撰辑	240.00	九州
第二辑第19函:地理大成一:山法全书	[清]叶九升撰	680.00	九州
第二辑第20函:地理大成二:平阳全书	[清]叶九升撰	360.00	九州
第二辑第21函:地理大成三:地理六经注·地理大成四:罗经指南拨雾集·地理大成五:理气四诀	[清]叶九升撰	300.00	九州

书　名	作　者	定　价	版别
第二辑第22函:地理录要	[明]蒋大鸿撰	480.00	九州
第二辑第23函:地理人子须知	[明]徐善继撰	480.00	九州
第二辑第24函:地理四秘全书	[清]尹一勺撰	380.00	九州
第二辑第25－26函:地理天机会元	[明]顾陵冈辑	1080.00	九州
第二辑第27函:地理正宗	[清]蒋宗城校订	280.00	九州
第二辑第28函:全图鲁班经	[明]午荣编	280.00	九州
第二辑第29函:秘传水龙经	[明]蒋大鸿撰	480.00	九州
第二辑第30函:阳宅集成	[清]姚廷銮纂	480.00	九州
第二辑第31函:阴宅集要	[清]姚廷銮纂	240.00	九州
第二辑第32函:辰州符咒大全	[清]觉玄子辑	480.00	九州
第二辑第33函:三元镇宅灵符秘箓·太上洞玄祛病灵符全书	[明]张宇初编	240.00	九州
第二辑第34函:太上混元祈福解灾三部神符	[明]张宇初编	360.00	九州
第二辑第35函:测字秘牒·先天易数·冲天易数/马前课	[清]程省撰	360.00	九州
第二辑第36函:秘传紫微	古朝鲜抄本	240.00	九州
子部善本1:新刊地理玄珠	精装古本影印	380.00	华龄
子部善本2:参赞玄机地理仙婆集	精装古本影印	380.00	华龄
子部善本3:章仲山地理九种(上下)	精装古本影印	760.00	华龄
子部善本4:八门九星阴阳二遁全本奇门断	精装古本影印	760.00	华龄
子部善本5:六壬统宗大全	精装古本影印	380.00	华龄
子部善本6:太乙统宗宝鉴	精装古本影印	380.00	华龄
子部善本7:重刊星海词林(全五册)	精装古本影印	1900.00	华龄
子部善本8:万历初刻三命通会(上下)	精装古本影印	760.00	华龄
子部善本9:增广沈氏玄空学(上下)	精装古本影印	760.00	华龄
子部善本10:江公择日秘稿	精装古本影印	380.00	华龄
子部善本11:刘氏家藏阐微通书(上下)	精装古本影印	760.00	华龄
子部善本12:影印增补高岛易断(上下)	精装古本影印	760.00	华龄
子部善本13:清刻足本铁板神数	精装古本影印	380.00	华龄
子部善本14:增订天官五星集腋(上下)	精装古本影印	760.00	华龄
子部善本15:太乙奇门六壬兵备统宗(上中下)	精装古本影印	1140.00	华龄
子部善本16:御定景祐奇门大全(上下)	精装古本影印	760.00	华龄
子部善本17:地理四秘全书十二种	精装古本影印	380.00	华龄
子部善本18:全本地理统一全书	精装古本影印	380.00	华龄
子部善本19:廖公画策扒砂经(上下)	精装古本影印	760.00	华龄
子部善本20:明刊玉髓真经(上下)	精装古本影印	760.00	华龄
子部善本21:蒋大鸿家藏地学捷旨	精装古本影印	380.00	华龄
子部善本22:阳宅安居金镜(上下)	精装古本影印	760.00	华龄
子部善本23:新刊地理紫囊书(上下)	精装古本影印	760.00	华龄
子部善本24:地理大成五种(上下)	精装古本影印	760.00	华龄

书 名	作 者	定 价	版别
子部善本25:初刻鳌头通书大全(上中下)	精装古本影印	1140.00	华龄
子部善本26:初刻象吉备要通书大全(上中下)	精装古本影印	1140.00	华龄
子部善本27:武英殿板钦定协纪辨方书(上下)	精装古本影印	760.00	华龄
子部善本28:初刻陈子性藏书(上下)	精装古本影印	760.00	华龄
子平遗书第1辑(断命案例集甲子至戊辰全三册)	精装古本影印	980.00	华龄
子平遗书第2辑(断命案例集庚午至甲戌全三册)	精装古本影印	980.00	华龄
子平遗书第3辑(断命案例集乙亥至戊子全三册)	精装古本影印	980.00	华龄
子平遗书第4辑(断命案例集庚寅至庚子全三册)	精装古本影印	980.00	华龄
子平遗书第5辑(断命案例集辛丑至癸丑全三册)	精装古本影印	980.00	华龄
子平遗书第6辑(断命案例集甲寅至辛酉全三册)	精装古本影印	980.00	华龄
风水择吉第一书:辨方(简体精装)	李明清著	168.00	华龄
珞琭子三命消息赋古注通疏(精装上下)	一明注疏	188.00	华龄
增补高岛易断(简体横排精装上下)	(清)王治本编译	198.00	华龄
中国古代术数基础理论(精装1函5册)	刘昌易著	495.00	团结
飞盘奇门:鸣法体系校释(精装上下)	刘金亮撰	198.00	九州
白话高岛易断(上下)	孙正治孙奥麟译	128.00	九州
润德堂丛书全编1:述卜筮星相学	袁树珊著	38.00	华龄
润德堂丛书全编2:命理探原	袁树珊著	38.00	华龄
润德堂丛书全编3:命谱	袁树珊著	68.00	华龄
润德堂丛书全编4:大六壬探原 养生三要	袁树珊著	38.00	华龄
润德堂丛书全编5:中西相人探原	袁树珊著	38.00	华龄
润德堂丛书全编6:选吉探原 八字万年历	袁树珊著	38.00	华龄
润德堂丛书全编7:中国历代卜人传(上中下)	袁树珊著	168.00	华龄
三式汇刊1:大六壬口诀纂	[明]林昌长辑	68.00	华龄
三式汇刊2:大六壬集应钤	[明]黄宾廷撰	198.00	华龄
三式汇刊3:奇门大全秘纂	[清]湖海居士撰	68.00	华龄
三式汇刊4:大六壬总归	[宋]郭子晟撰	58.00	华龄
三式汇刊5:大六壬心镜	[唐]徐道符辑	48.00	华龄
三式汇刊6:壬窍	[清]无无野人撰	48.00	华龄
青囊汇刊1:青囊秘要	[晋]郭璞等撰	48.00	华龄
青囊汇刊2:青囊海角经	[晋]郭璞等撰	48.00	华龄
青囊汇刊3:阳宅十书	[明]王君荣撰	48.00	华龄
青囊汇刊4:秘传水龙经	[明]蒋大鸿撰	68.00	华龄
青囊汇刊5:管氏地理指蒙	[三国]管辂撰	48.00	华龄
青囊汇刊6:地理山洋指迷	[明]周景一撰	32.00	华龄
青囊汇刊7:地学答问	[清]魏清江撰	58.00	华龄
青囊汇刊8:地理铅弹子砂水要诀	[清]张九仪撰	68.00	华龄
青囊汇刊9:地理唼蔗录	[清]袁守定著	48.00	华龄
青囊汇刊10:八宅明镜	[清]箬冠道人编	48.00	华龄
青囊汇刊11:罗经透解	[清]王道亨著	58.00	华龄

书　　名	作　者	定价	版别
青囊汇刊12:阳宅三要	[清]赵玉材撰	48.00	华龄
青囊汇刊13:一贯堪舆(上下)	[明]唐世友辑	108.00	华龄
青囊汇刊14:地理辨证图诀直解	[唐]杨筠松著	58.00	华龄
青囊汇刊15:地理雪心赋集解	[唐]卜应天著	58.00	华龄
青囊汇刊16:四神秘诀	[元]董德彰撰	58.00	华龄
子平汇刊1:渊海子平大全	[宋]徐子平撰	48.00	华龄
子平汇刊2:秘本子平真诠	[清]沈孝瞻撰	38.00	华龄
子平汇刊3:命理金鉴	[清]志于道撰	38.00	华龄
子平汇刊4:秘授滴天髓阐微	[清]任铁樵注	48.00	华龄
子平汇刊5:穷通宝鉴评注	[清]徐乐吾注	48.00	华龄
子平汇刊6:神峰通考命理正宗	[明]张楠撰	38.00	华龄
子平汇刊7:新校命理探原	[清]袁树珊撰	48.00	华龄
子平汇刊8:重校绘图袁氏命谱	[清]袁树珊撰	68.00	华龄
子平汇刊9:增广汇校三命通会(全三册)	[明]万民英撰	168.00	华龄
纳甲汇刊1:校正全本增删卜易	郑同点校	68.00	华龄
纳甲汇刊2:校正全本卜筮正宗	郑同点校	48.00	华龄
纳甲汇刊3:校正全本易隐	郑同点校	48.00	华龄
纳甲汇刊4:校正全本易冒	郑同点校	48.00	华龄
纳甲汇刊5:校正全本易林补遗	郑同点校	38.00	华龄
纳甲汇刊6:校正全本卜筮全书	郑同点校	68.00	华龄
纳甲汇刊7:火珠林注疏	刘恒注解	48.00	华龄
古今图书集成术数丛刊:卜筮(全二册)	[清]陈梦雷辑	80.00	华龄
古今图书集成术数丛刊:堪舆(全二册)	[清]陈梦雷辑	120.00	华龄
古今图书集成术数丛刊:相术(全一册)	[清]陈梦雷辑	60.00	华龄
古今图书集成术数丛刊:选择(全一册)	[清]陈梦雷辑	50.00	华龄
古今图书集成术数丛刊:星命(全三册)	[清]陈梦雷辑	180.00	华龄
古今图书集成术数丛刊:术数(全三册)	[清]陈梦雷辑	200.00	华龄
四库全书术数初集(全四册)	郑同点校	200.00	华龄
四库全书术数二集(全三册)	郑同点校	150.00	华龄
四库全书术数三集:钦定协纪辨方书(全二册)	郑同点校	98.00	华龄
增广沈氏玄空学	郑同点校	68.00	华龄
地理点穴撼龙经	郑同点校	32.00	华龄
绘图地理人子须知(上下)	郑同点校	78.00	华龄
玉函通秘	郑同点校	48.00	华龄
绘图入地眼全书	郑同点校	28.00	华龄
绘图地理五诀	郑同点校	48.00	华龄
一本书弄懂风水	郑同著	48.00	华龄
风水罗盘全解	傅洪光著	58.00	华龄
堪舆精论	胡一鸣著	29.80	华龄
堪舆的秘密	宝通著	36.00	华龄

书　名	作　者	定　价	版别
中国风水学初探	曾涌哲	58.00	华龄
全息太乙(修订版)	李德润著	68.00	华龄
时空太乙(修订版)	李德润著	68.00	华龄
故宫珍本六壬三书(上下)	张越点校	128.00	华龄
大六壬通解(全三册)	叶飘然著	168.00	华龄
壬占汇选(精抄历代六壬占验汇选)	肖岱宗点校	48.00	华龄
大六壬指南	郑同点校	28.00	华龄
六壬金口诀指玄	郑同点校	28.00	华龄
大六壬寻源编[全三册]	[清]周螭辑录	180.00	华龄
六壬辨疑　毕法案录	郑同点校	32.00	华龄
大六壬断案疏证	刘科乐著	58.00	华龄
六壬时空	刘科乐著	68.00	华龄
御定奇门宝鉴	郑同点校	58.00	华龄
御定奇门阳遁九局	郑同点校	78.00	华龄
御定奇门阴遁九局	郑同点校	78.00	华龄
奇门秘占合编:奇门庐中阐秘·四季开门	[汉]诸葛亮撰	68.00	华龄
奇门探索录	郑同编订	38.00	华龄
奇门遁甲秘笈大全	郑同点校	48.00	华龄
奇门旨归	郑同点校	48.00	华龄
奇门法窍	[清]锡孟樨撰	48.00	华龄
奇门精粹——奇门遁甲典籍大全	郑同点校	68.00	华龄
御定子平	郑同点校	48.00	华龄
增补星平会海全书	郑同点校	68.00	华龄
五行精纪:命理通考五行渊微	郑同点校	38.00	华龄
绘图三元总录	郑同编校	48.00	华龄
绘图全本玉匣记	郑同编校	32.00	华龄
周易初步:易学基础知识36讲	张绍金著	32.00	华龄
周易与中医养生:医易心法	成铁智著	32.00	华龄
增广梅花易数(精装)	刘恒注	98.00	华龄
梅花心易阐微	[清]杨体仁撰	48.00	华龄
梅花心易疏证	杨波著	48.00	华龄
梅花易数讲义	郑同著	58.00	华龄
白话梅花易数	郑同编著	30.00	华龄
梅花周易数全集	郑同点校	58.00	华龄
梅花易数	[宋]邵雍撰	28.00	九州
梅花易数(大字本)	[宋]邵雍撰	39.00	九州
河洛理数	[宋]邵雍述	48.00	九州
一本书读懂易经	郑同著	38.00	华龄
白话易经	郑同编著	38.00	华龄
知易术数学:开启术数之门	赵知易著	48.00	华龄

书　　　名	作　者	定　价	版别
术数入门——奇门遁甲与京氏易学	王居恭著	48.00	华龄
周易虞氏义笺订(上下)	[清]李翀灼校订	78.00	九州
阴阳五要奇书	[晋]郭璞撰	88.00	九州
壬奇要略(全5册:大六壬集应钤3册,大六壬口诀纂1册,御定奇门秘纂1册)	肖岱宗郑同点校	300.00	九州
周易明义	邸勇强著	73.00	九州
论语明义	邸勇强著	37.00	九州
中国风水史	傅洪光撰	32.00	九州
古本催官篇集注	李佳明校注	48.00	九州
鲁班经讲义	傅洪光著	48.00	九州
天星姓名学	侯景波著	38.00	燕山
解梦书	郑同、傅洪光著	58.00	燕山
命理精论(精装繁体竖排)	胡一鸣著	128.00	燕山
辨方(繁体横排)	张明清著	236.00	星易
古易旁通	刘子扬著	320.00	星易
四柱预测机缄通	明理著	300.00	星易
奇门万年历	刘恒著	58.00	资料
图解新编中医四大名著:温病条辨	周重建、郭号	68.00	天津
图解新编中医四大名著:伤寒论	周重建、郭号	68.00	天津
图解新编中医四大名著:黄帝内经	周重建、郭号	68.00	天津
图解新编中医四大名著:金匮要略	周重建、郭号	68.00	天津
中药学药物速认速查小红书(精装64开)	周重建	88.00	天津
国家药典药物速认速查小红书(精装64开)	高楠楠	88.00	天津

　　周易书斋是国内最大的提供易学术数类图书邮购服务的专业书店,成立于2001年,现有易学及术数类图书现货6000余种,在海内外易学研究者中有着巨大的影响力。

　　　通讯地址:北京市102488信箱58分箱　邮编:102488　王兰梅收。

　1、学易斋官方旗舰店网址:xyz888.jd.com　微信号:xyz15116975533

　2、联系人:王兰梅　电话:15652026606,15116975533,13716780854

　3、邮购费用固定,不论册数多少,每次收费7元。

　4、银行汇款:户名:**王兰梅**。

　　　邮政:601006359200109796　农行:6228480010308994218

　　　工行:0200299001020728724　建行:1100579980130074603

　　　交行:6222600910053875983　支付宝:13716780854

　5、QQ:(周易书斋2)2839202242;QQ群:(周易书斋书友会)140125362。

北京周易书斋敬启